HORST TAPPE **NABOKOV**

to / für / pour

CELINE
CHARLOTTE
SARAH
&
LOUISE

HORST TAPPE
Photographs / Fotografien / Photographies

VLADIMIR NABOKOV
Quotations / Zitate / Citations

CHARLOTTE CONTESSE-BARRAUD /
SARAH CUENDET / CELINE EIDENBENZ
Conception / Konzeption / Conception

TILO RICHTER
Editor / Herausgeber / Rédaction

CHRISTOPH MERIAN VERLAG

Vladimir Nabokov

SWITZERLAND / SCHWEIZ / SUISSE
1961–1977

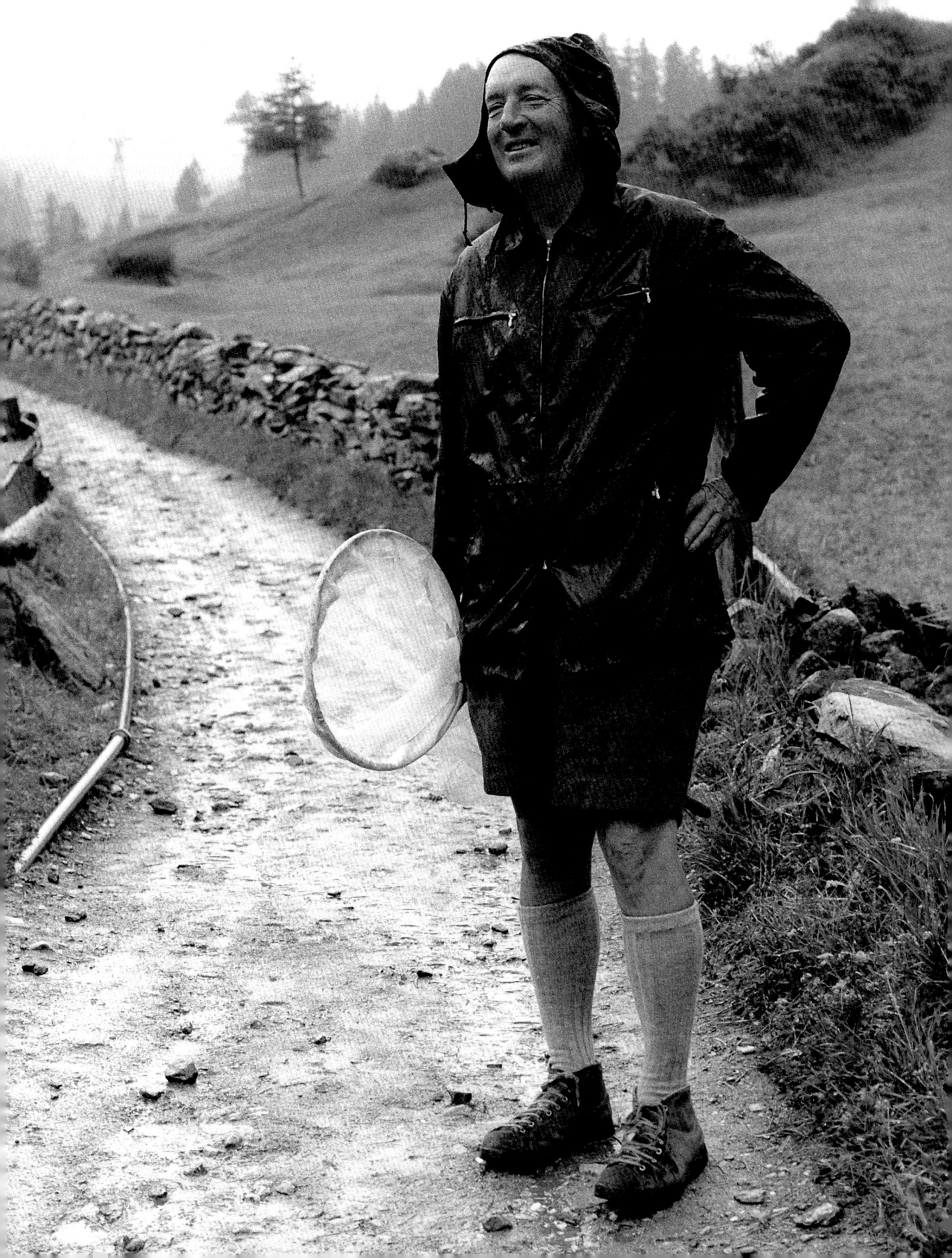

In tenacious families **certain facial characteristics** keep recurring as indicants and maker's marks. The Nabokov nose (e.g. my grandfather's) is of the Russian type with a soft round upturned tip and a gentle inslope in profile; the Korff nose (e.g. mine) is a handsome Germanic organ with a boldly boned bridge and a slightly tilted, distinctly grooved, fleshy end.

In hartnäckigen alten Familien kehren **gewisse Gesichtszüge** als Markierungen und Schöpfersignets immer wieder. Die Nabokovsche Nase (z. B. die meines Großvaters) ist mit ihrer weichen, runden, aufwärts gebogenen Spitze und einer sanften Einwärtskrümmung im Profil typisch russisch; die Korffsche Nase (z. B. meine) ist ein hübsches germanisches Organ mit kühn knochigem Rücken und einer leicht abwärtsgeneigten, deutlich eingekerbten fleischigen Spitze.

Dans les vieilles familles qui ont de l'obstination, **certaines caractéristiques faciales** reviennent sans cesse comme des indications et des marques de fabrique. Le nez des Nabokov (par exemple celui de mon grand-père) relève du type russe, avec un bout rond, souple, retroussé, et une petite déclivité de profil; le nez des Korff (par exemple le mien) est un bel organe germanique avec une robuste arête osseuse et une extrémité charnue légèrement inclinée, portant une rainure bien dessinée.

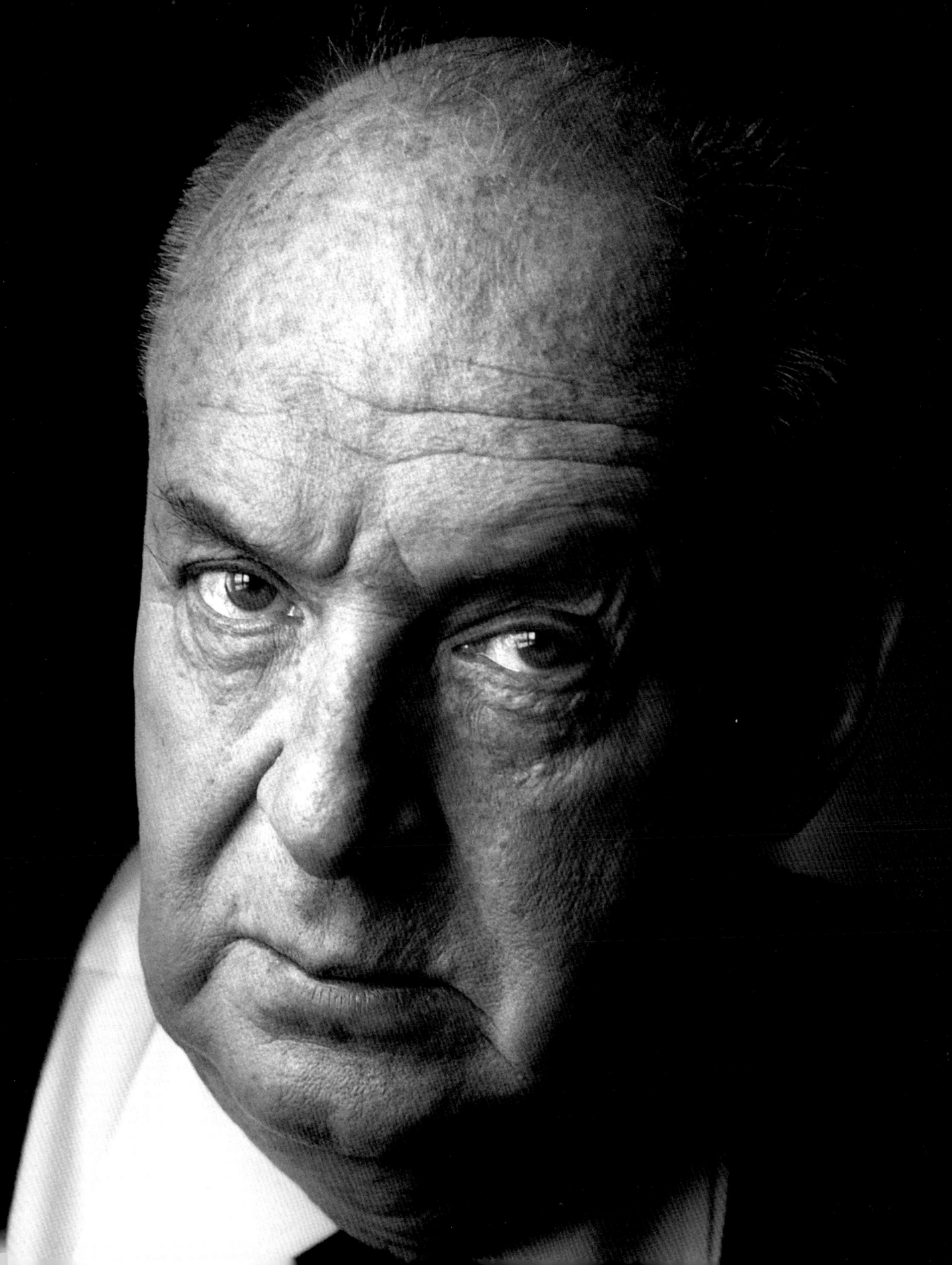

One of the reasons I live in Montreux is because I find the view from my easy chair wonderfully soothing and exhilarating according to my mood or the mood of the lake.

In Montreux lebe ich unter anderem auch deshalb, weil ich den Ausblick, den ich hier von meinem Sessel aus genieße, je nach meiner Stimmung oder der Stimmung des Sees als wunderbar beruhigend oder wunderbar anregend empfinde.

Une des raisons pour laquelle je vis à Montreux, c'est la vue depuis mon fauteuil qui me semble merveilleusement apaisante, ou au contraire stimulante selon mon humeur ou l'humeur du lac.

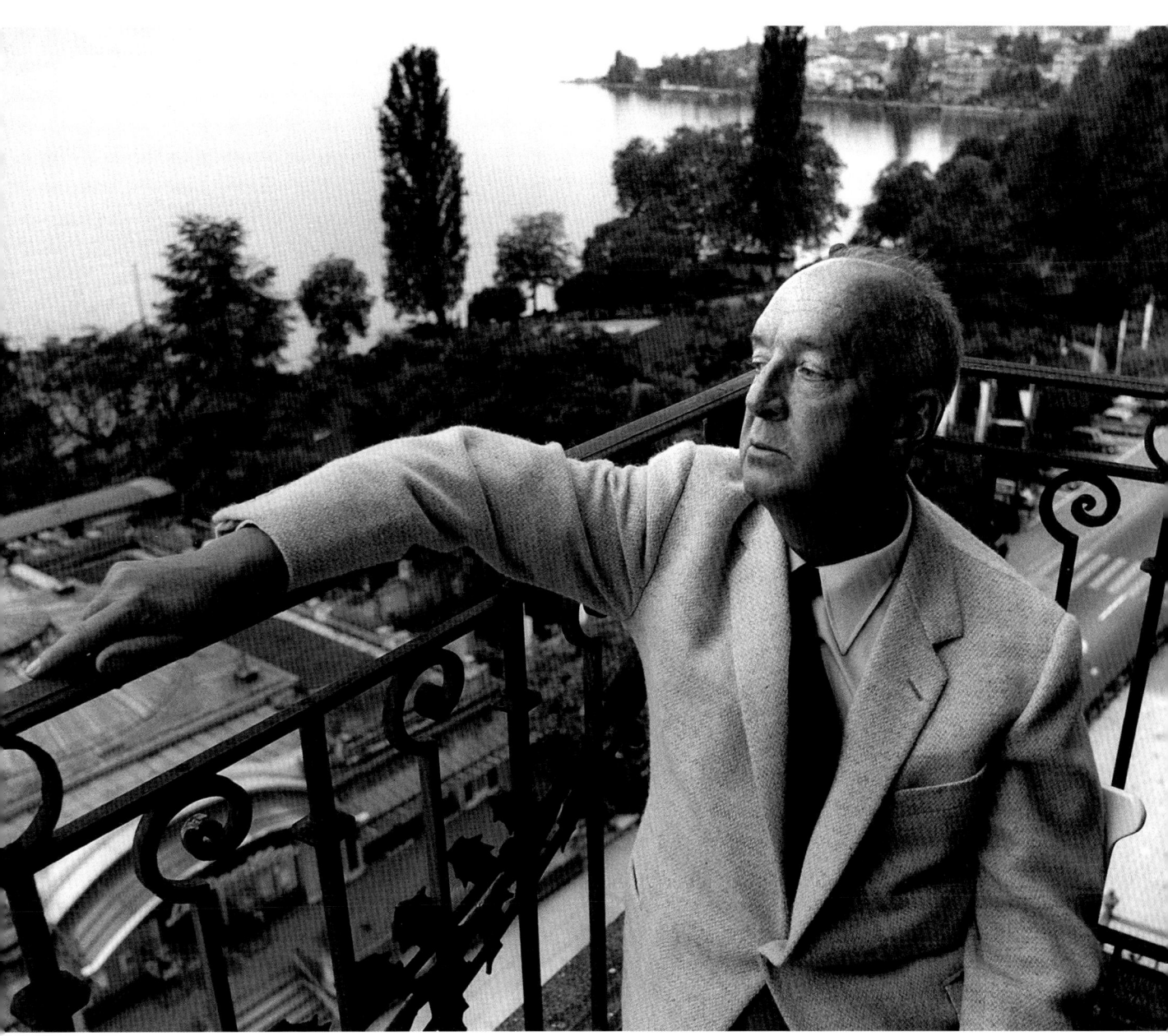

Lolita is famous, not I. I am an obscure, doubly obscure, novelist with an unpronounceable name.

Lolita ist berühmt, nicht ich. Ich bin ein obskurer, in zweifacher Beziehung obskurer Romanschreiber mit einem unaussprechlichen Namen.

C'est *Lolita* qui est célèbre, pas moi. Je suis un auteur obscur, doublement obscur, avec un nom imprononçable.

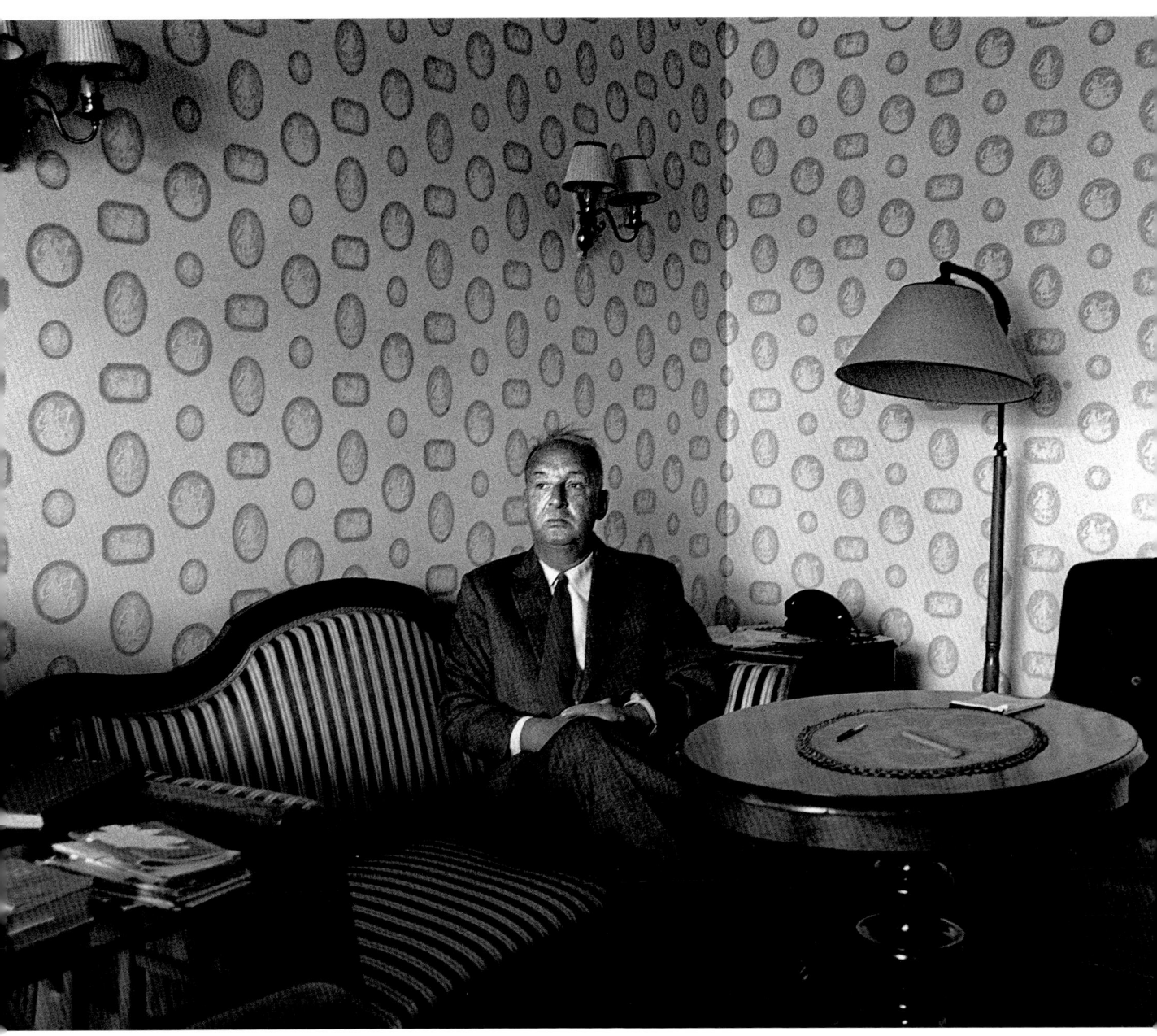

Why do you live in hotels? It simplifies postal matters, it eliminates the nuisance of private ownership, it confirms me in my favourite habit – **the habit of freedom**.

Weshalb leben Sie in Hotels? Es vereinfacht das Postalische, es enthebt der Unannehmlichkeit privaten Besitztums, es bestärkt mich in meiner liebsten Gewohnheit – **der Gewohnheit des Freiseins**.

Pourquoi vivez-vous à l'hôtel? Ça [...] élimine les tracas de la propriété privée, et me confirme dans mon habitude favorite – **l'habitude de la liberté**.

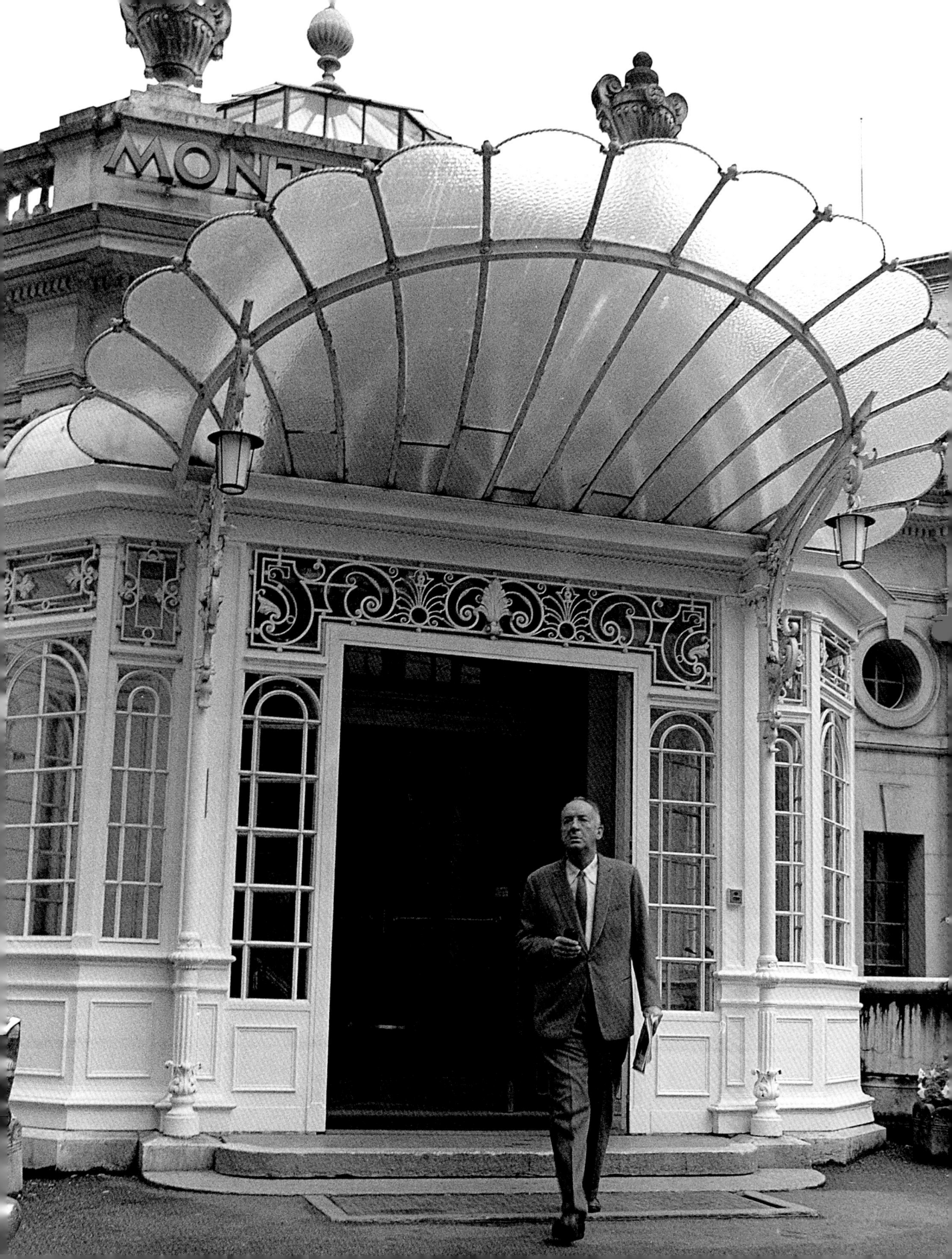

Most of my works have been dedicated to my wife and her picture has often been reproduced by some mysterious means of reflected colour in the inner **mirrors** of my books.

Die meisten meiner Bücher sind meiner Frau gewidmet, und oft erscheint im Inneren meiner Bücher ihr **Spiegelbild**, hervorgezaubert durch irgendwelche rätselhaften Lichtreflexe.

La plupart de mes livres ont été dédiés à ma femme et son portrait a souvent été reproduit par quelque procédé mystérieux de réflexion de la couleur dans les **miroirs** intérieurs de mes livres.

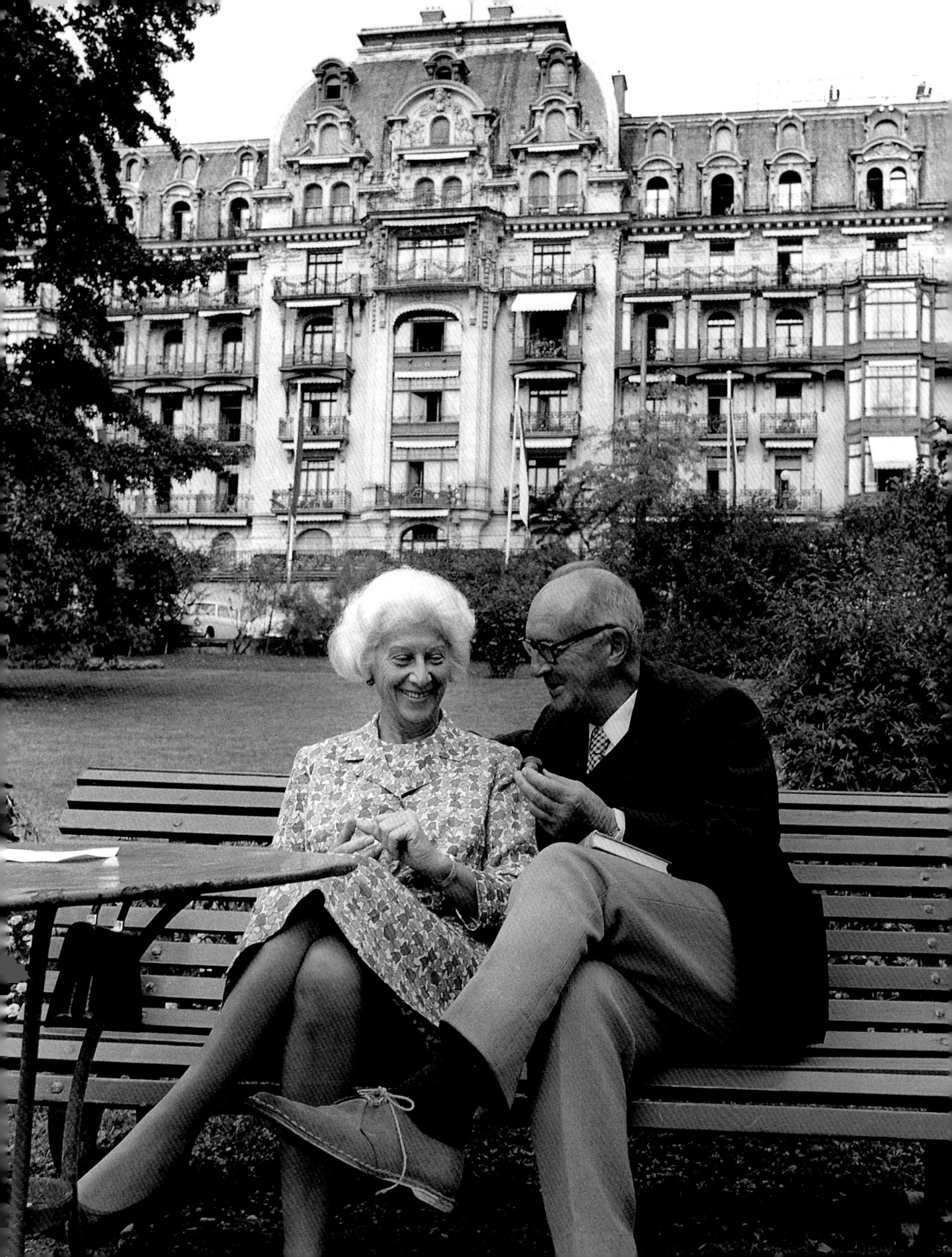

She presided as **adviser** and judge over the making of my first fiction in the early twenties. I have read to her all my stories and novels at least twice. She has reread them all when typing them and correcting proofs and checking translations into several languages. One day in 1950, at Ithaca, New York, she was responsible for stopping me and urging delay and second thoughts as, beset with technical difficulties and doubts, I was carrying the first chapters of *Lolita* to the garden incinerator.

Anfang der zwanziger Jahre führte sie als **Beraterin** und Begutachterin die Aufsicht über die Fabrikation meiner ersten fiktionalen Texte. Meine Erzählungen und Romane habe ich ihr allesamt mindestens zweimal vorgelesen. Sie hat sie dann wieder und wieder gelesen beim Abtippen der Manuskripte, bei der Fahnenkorrektur der Druckfassungen, bei der Revision der Übersetzungen in den verschiedensten Sprachen. An einem gewissen Tag des Jahres 1950 in Ithaca, New York, war sie diejenige, die mir den Weg verlegte und mich beschwor, die Ausführung meines Vorhabens aufzuschieben und meinen Entschluss noch einmal zu überdenken, als ich, von Schreibproblemen und Selbstzweifeln bedrängt, die ersten Kapitel von *Lolita* zum Papierverbrennungskorb in unseren Garten tragen wollte.

Elle a présidé, en tant que juge et **conseiller**, à l'élaboration de mon premier roman au début des années vingt. Je lui ai lu tous mes récits et tous mes romans au moins deux fois. Elle les a tous relus en les tapant à la machine ou en corrigeant les épreuves ou en vérifiant les traductions dans plusieurs langues. Un jour de 1950, à Ithaca, New York, c'est elle qui m'a arrêté en m'invitant à réfléchir et à revenir sur ma décision alors que, harcelé par les difficultés techniques, accablé par le doute, je portais les premiers chapitres de *Lolita* à l'incinérateur du jardin.

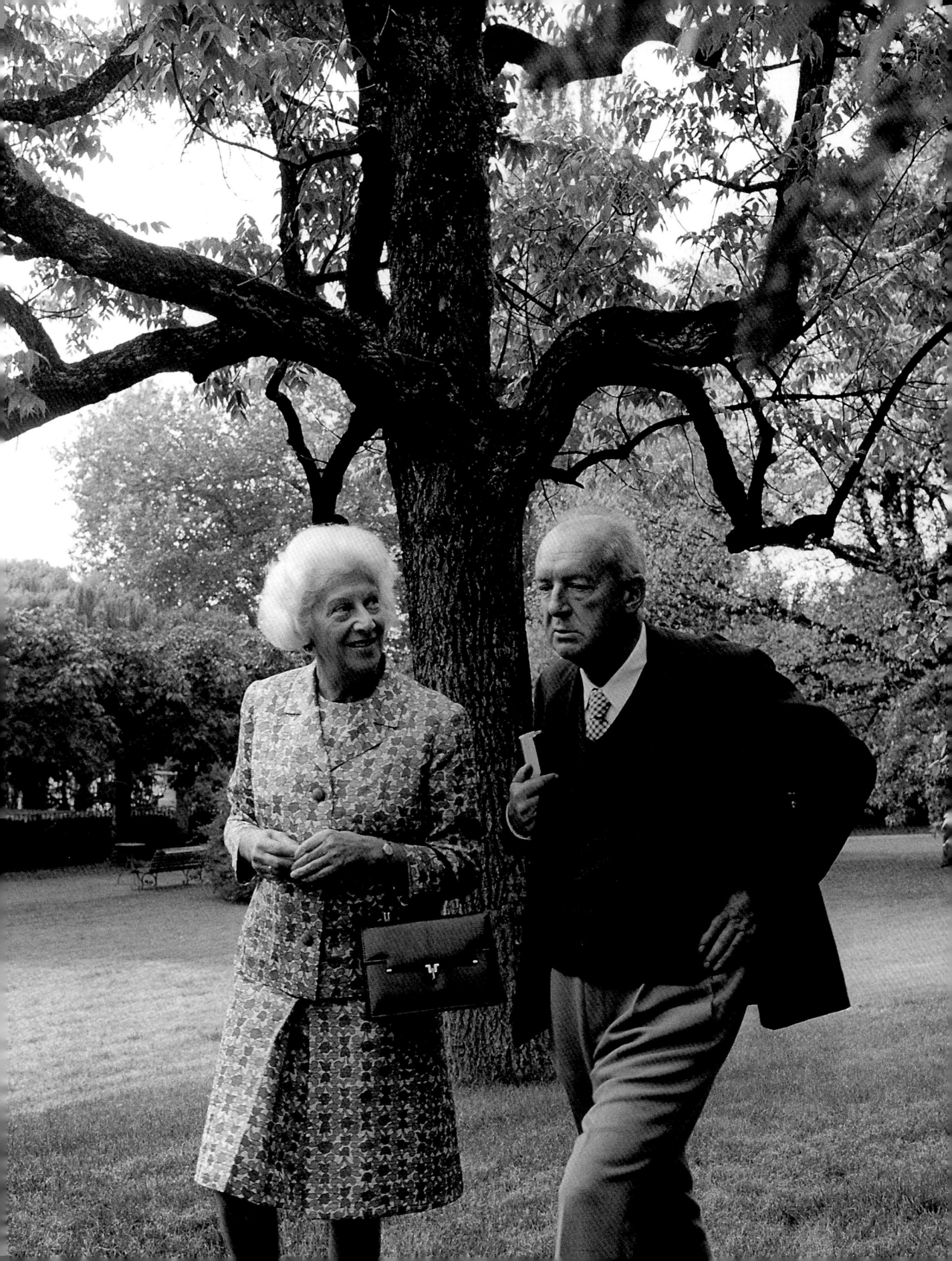

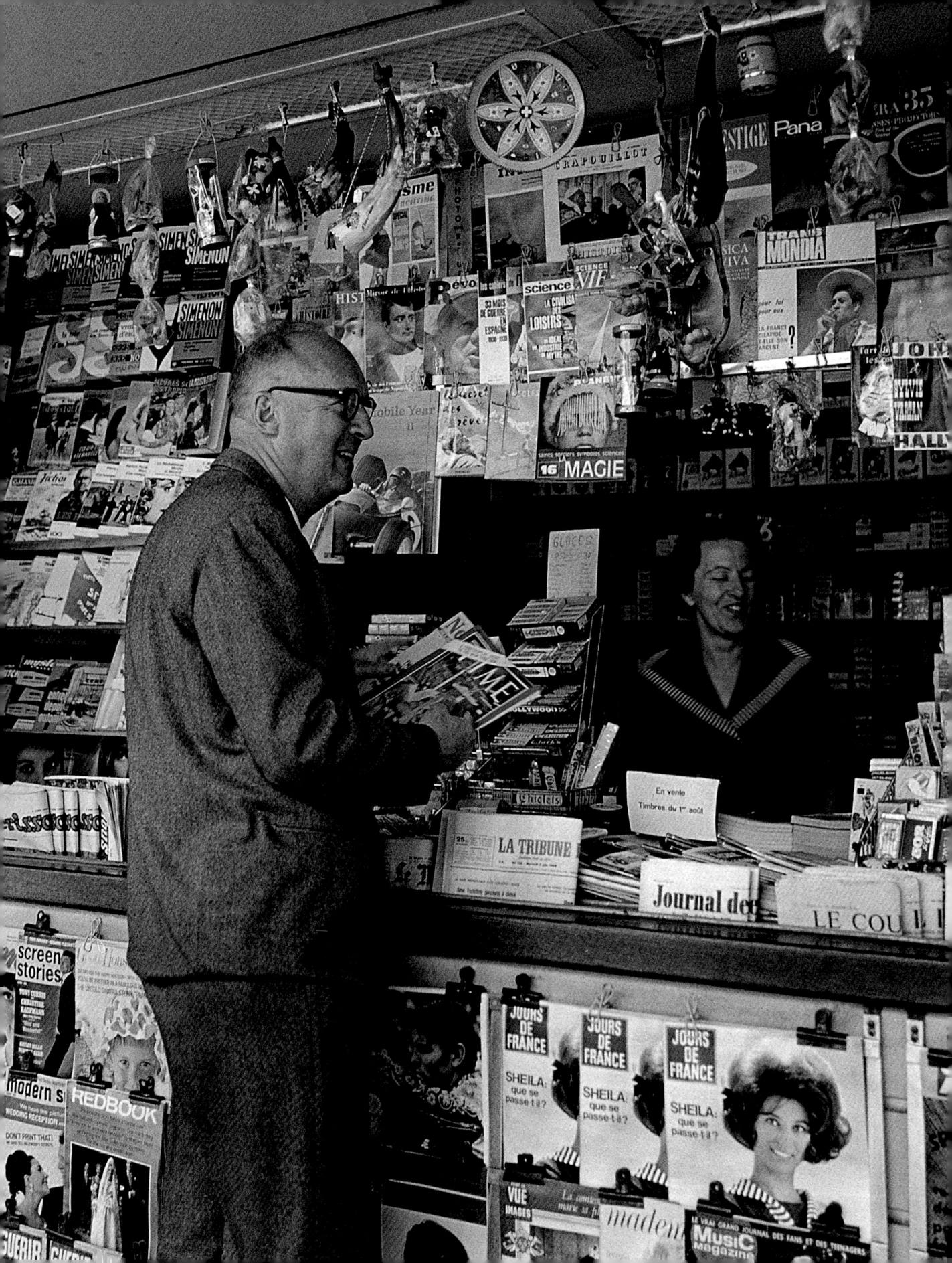

How do you rank yourself among writers (living) and of the immediate past? I often think there should exist a special typographical sign for a smile — some sort of concave mark, a supine round bracket, which I would now like to trace in reply to your question.

Welchen Rang messen Sie sich selber unter den Schriftstellern der Gegenwart und der jüngsten Vergangenheit zu? Ich denke mir oft, daß es eigentlich ein spezielles typographisches Symbol für das Lächeln geben müßte — so etwas Bogenförmiges, eine auf dem Rücken liegende runde Klammer, das ich Ihnen als Antwort auf Ihre Frage jetzt gern aufmalen würde.

Quel est, à votre avis, votre rang parmi les auteurs vivants et ceux qui appartiennent à un passé proche? Je pense souvent qu'il devrait y avoir un signe typographique spécial pour désigner un sourire — une sorte de marque concave, une parenthèse renversée sur le dos, signe que j'aimerais pouvoir utiliser en réponse à votre question.

I generally start the day at a lovely old-fashioned lectern I have in my study. Later on, when I feel **gravity** nibbling at my calves, I settle down in a comfortable armchair alongside an ordinary writing desk; and finally, when gravity begins climbing up my spine, I lie down on a couch in a corner of my small study. It is a pleasant solar routine.

Gewöhnlich beginne ich den Tag an einem hübschen altmodischen Stehpult, das ich in meinem Arbeitszimmer habe. Später, wenn ich die **Schwerkraft** an meinen Waden knabbern spüre, lasse ich mich in einem bequemen Sessel neben einem gewöhnlichen Schreibtisch nieder; und wenn die Schwerkraft schließlich meine Wirbelsäule heraufzuklettern beginnt, lege ich mich auf eine Couch in einer Ecke meines kleinen Arbeitszimmers. Es ist eine angenehme solare Routine.

Je commence habituellement la journée devant un très joli lutrin que j'ai dans mon bureau. Plus tard, quand je sens que la **gravité** me grignote les mollets, je m'installe dans un fauteuil confortable près d'un pupitre ordinaire; et enfin, quand la gravité commence à remonter le long de ma colonne vertébrale, je me couche sur un divan dans un coin de mon petit bureau. C'est une routine agréable, je fais un peu comme le soleil.

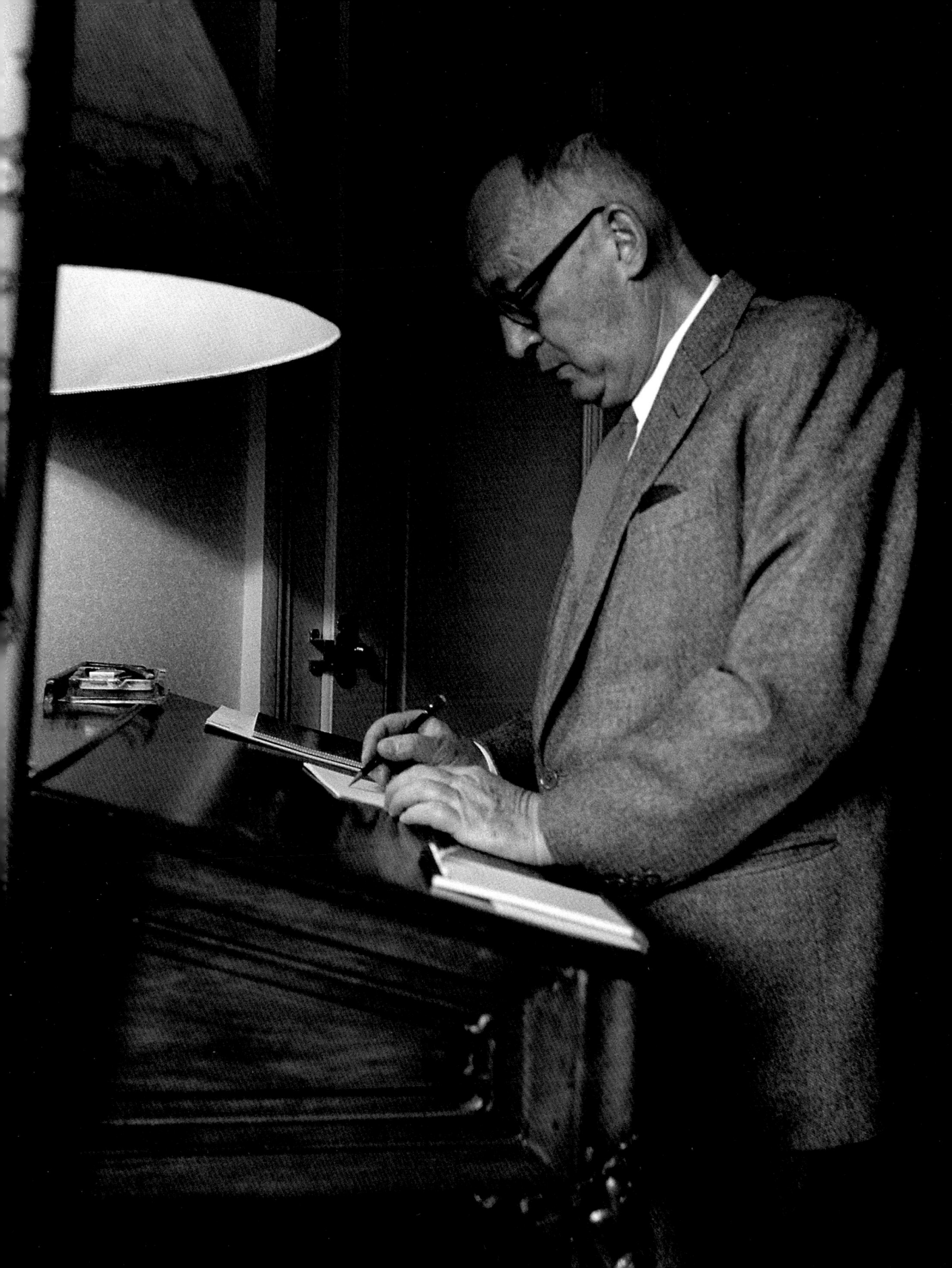

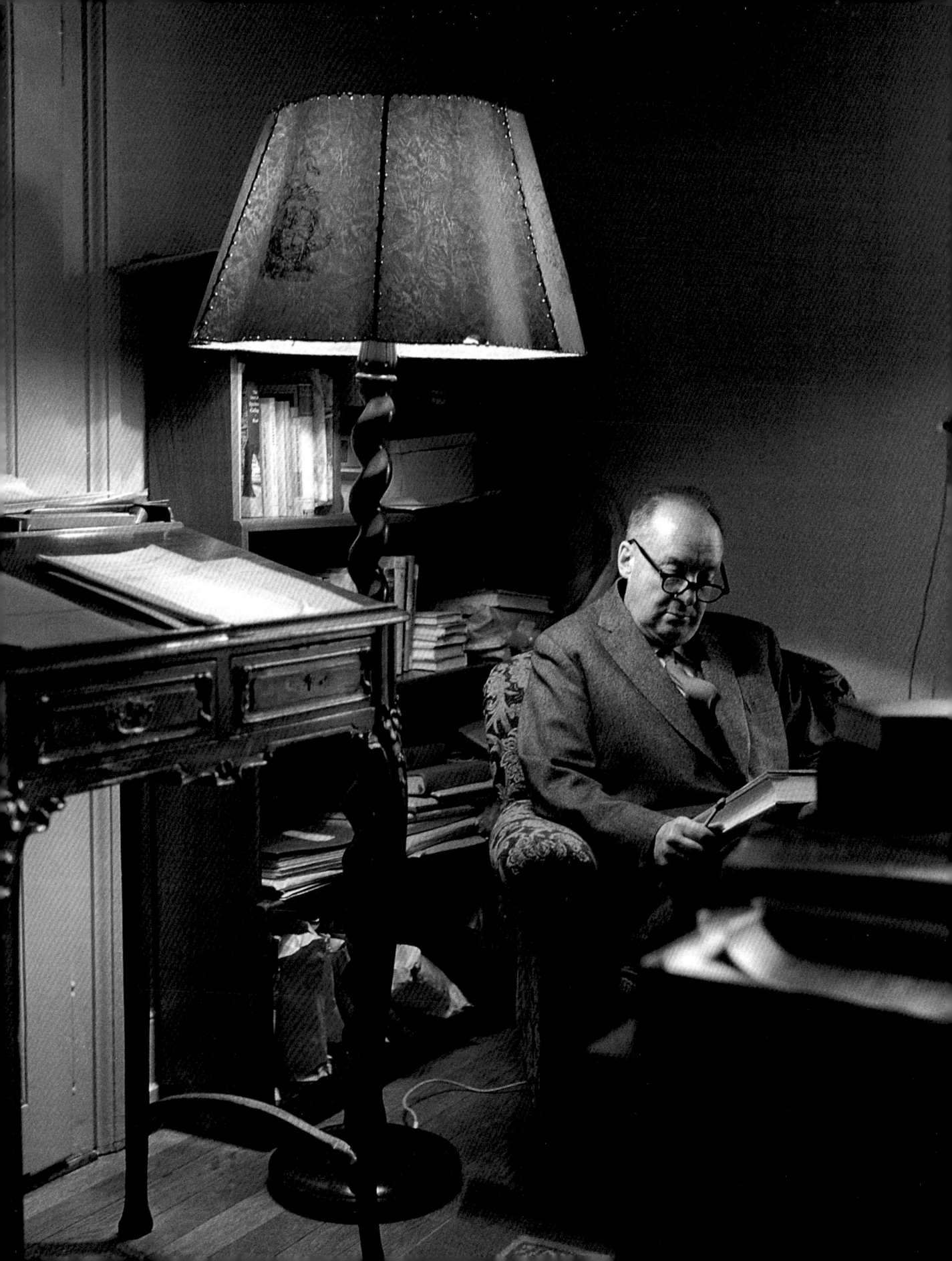

One of the functions of all my novels is to prove that the novel in general does not exist. The book I make is a subjective and specific affair. I have no purpose at all when composing my stuff except to compose it. I work hard, I work long, on a **body of words** until it grants me complete possession and pleasure. If the reader has to work in his turn – so much the better. Art is difficult.

Eine Funktion meiner sämtlichen Romane ist unter anderen die, zu beweisen, daß so etwas wie der Roman im allgemeinen nicht existiert. Das Buch, das ich fabriziere, ist jedesmal etwas Subjektives und Spezifisches. Wenn ich meine Sachen komponiere, habe ich dabei nichts im Sinn und absolut kein Anliegen, als meine Sachen zu komponieren. Ich arbeite schwer, und ich arbeite lange an einer **Masse von Wortmaterial**, bis sie vollständig mein eigen und Entzücken geworden ist. Wenn der Leser nun seinerseits Arbeit investieren muss – um so besser. Kunst ist schwierig.

Une des fonctions de mes romans est de démontrer que le roman, en général, n'existe pas. Le livre que j'écris est une affaire subjective et particulière. Quand je compose mes textes, mon seul objectif est justement de composer ces textes. Je travaille longtemps, je peine sur un **ensemble de mots** jusqu'à ce que je parvienne à une pleine possession et à un plaisir complet. Si le lecteur doit peiner à son tour, tant mieux. L'art est difficile.

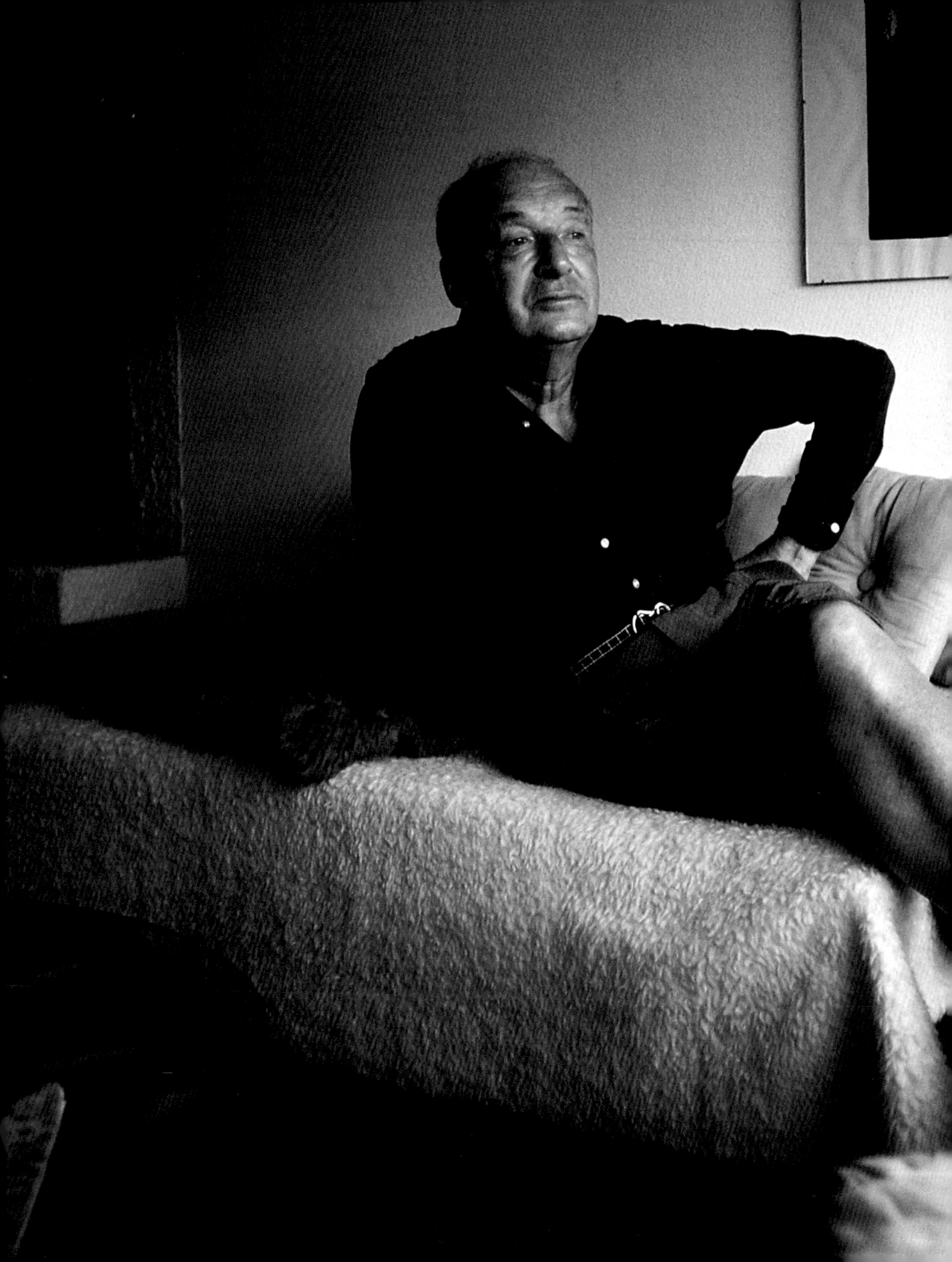

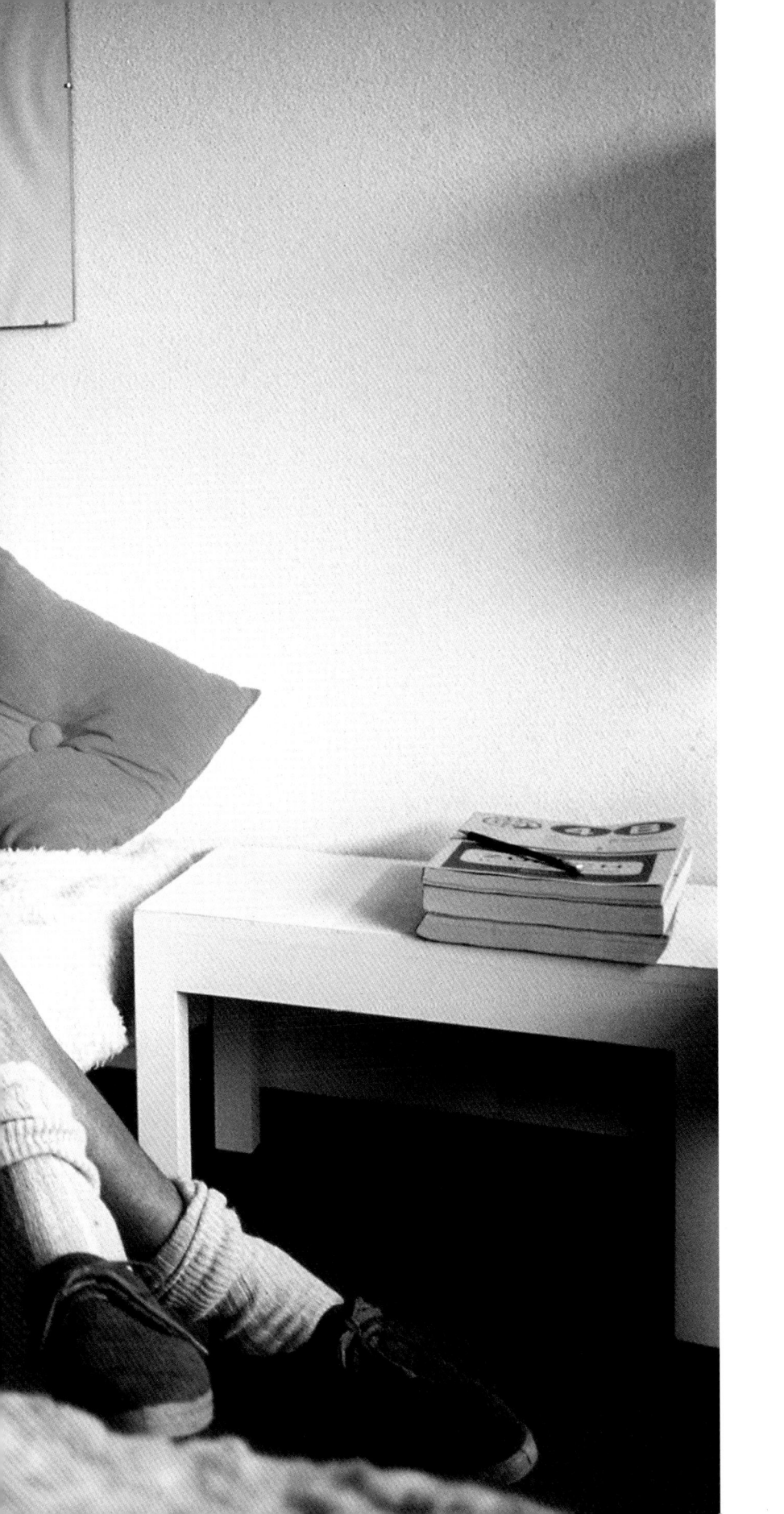

I find now that index cards are really the best kind of paper that I can use for the purpose. I don't write consecutively from the beginning to the next chapter and so on to the end. I just fill in the gaps of the picture, of this jigsaw puzzle which is quite clear in my mind, picking out a piece here and a piece there.

Aus meiner heutigen Sicht sind Karteikarten die Form von Papier, die sich am besten für meine Zwecke eignet. Ich schreibe nicht als erstes Kapitel 1, dann Kapitel 2 und so in zusammenhängender Folge weiter bis zum Schluß. Ich fülle einfach nur die Lücken in dem Bild, in dem Puzzle, das ich innerlich bereits in aller Deutlichkeit fix und fertig vor mir sehe, und füge mal hier ein Teil, mal dort ein Teil ein.

J'ai fini par décider que les cartes-fiches constituent le meilleur support pour écrire. Je n'écris pas chronologiquement, en commençant par le début pour passer au chapitre suivant et ainsi de suite jusqu'à la fin. Je me contente de combler les trous dans le tableau, dans ce puzzle qui dans mon esprit est tout à fait clair. Je prends une pièce là, une pièce ici.

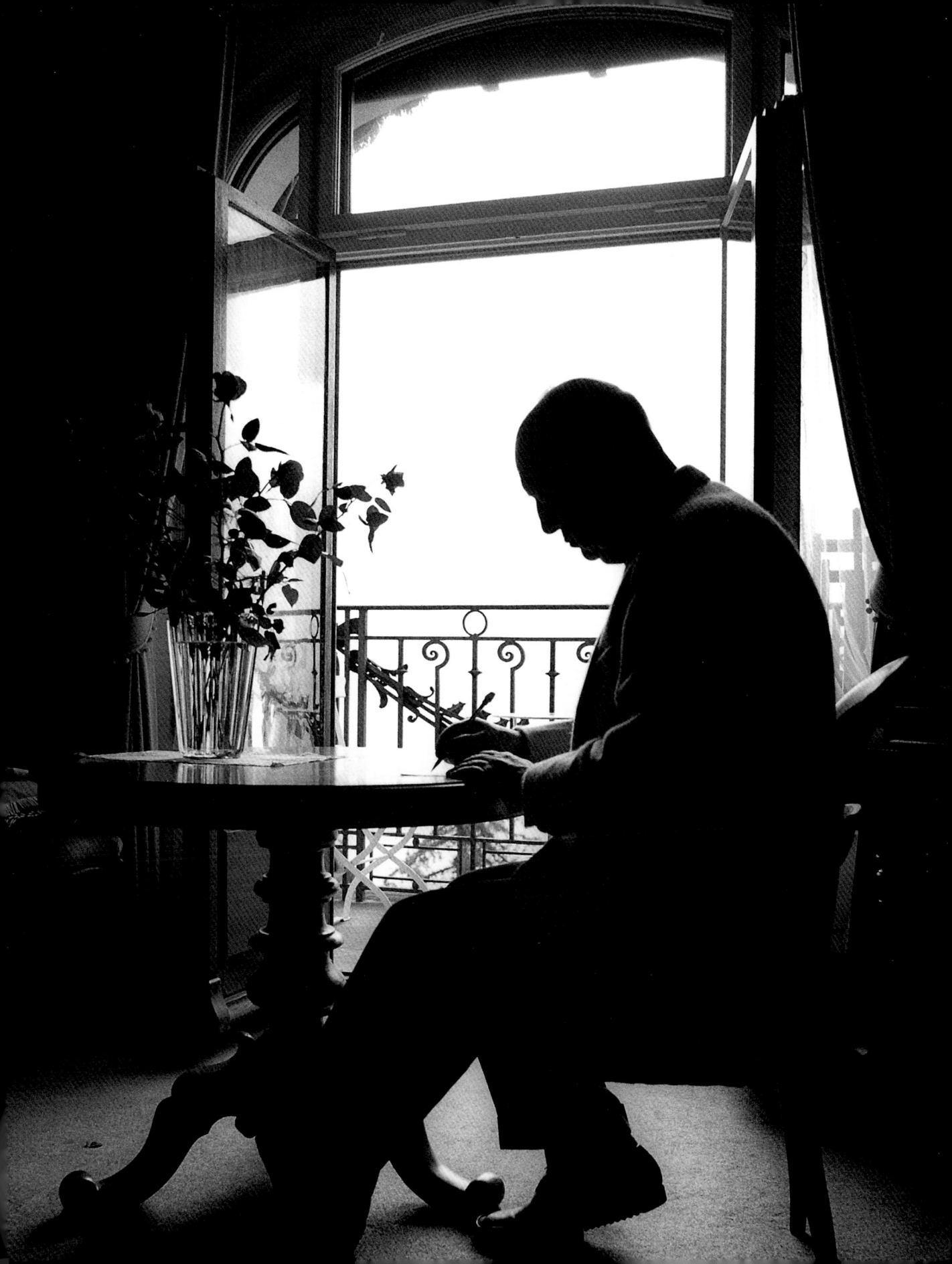

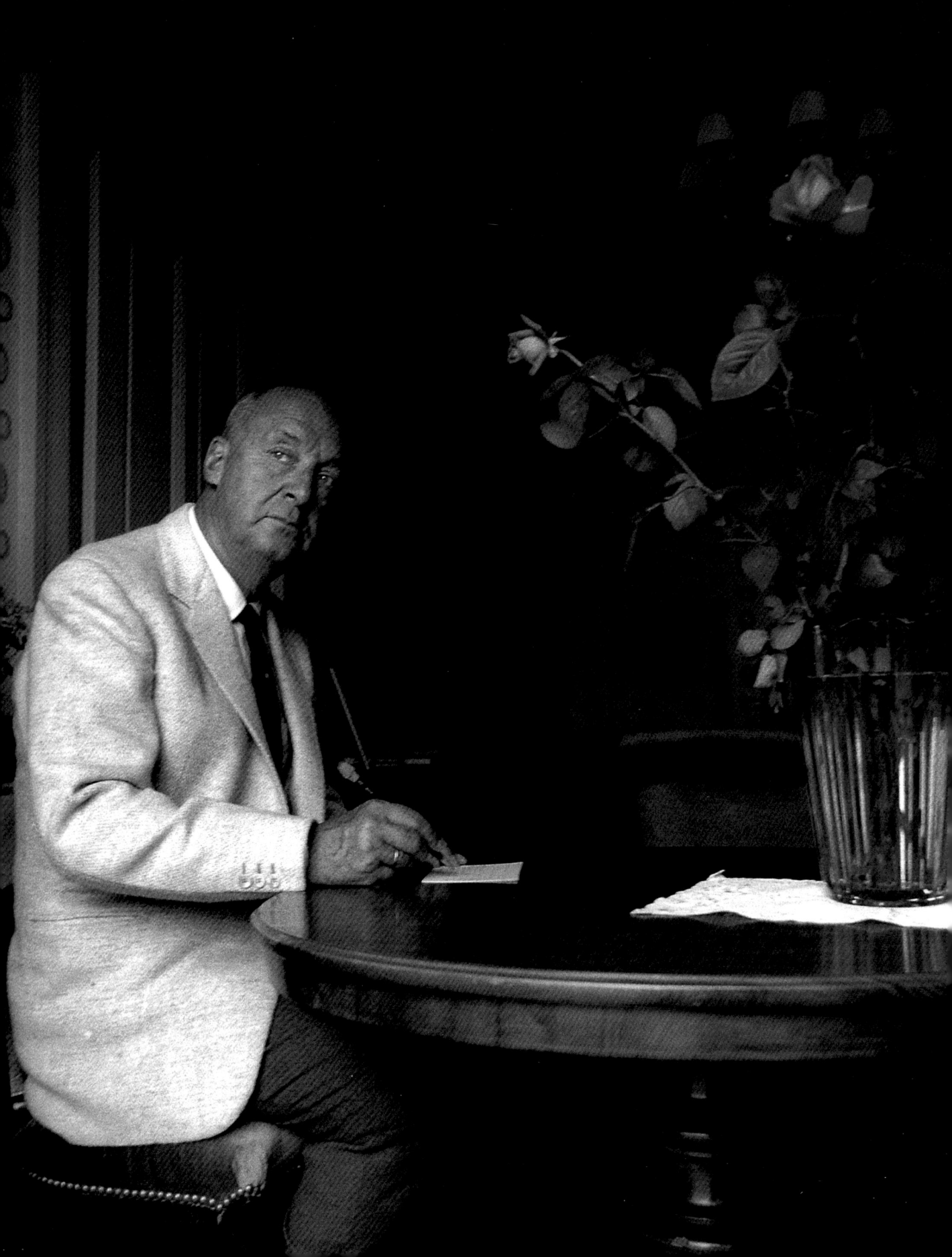

Why did I write any of my books, after all? For the sake of the pleasure, for the sake of the difficulty. I have no social purpose, no moral message; I've no general ideas to exploit, I just like composing riddles with elegant solutions.

Aus welchem Grund habe ich schließlich alle meine Bücher überhaupt geschrieben? Weil es Spaß machte, und weil es Schweiß kostete. Ich habe kein soziales Anliegen und keine moralische Botschaft; es geht mir nicht darum, allgemeine Ideen auszumünzen, es macht mir einfach Vergnügen, Rätsel mit eleganter Lösung zu komponieren.

Pourquoi ai-je écrit n'importe lequel de mes livres, après tout? Pour le plaisir, pour la difficulté. Je ne poursuis aucun objectif social, je n'apporte aucun message moral; je ne nourris pas d'idées générales que je pourrais exploiter, j'aime seulement composer des énigmes avec des solutions élégantes.

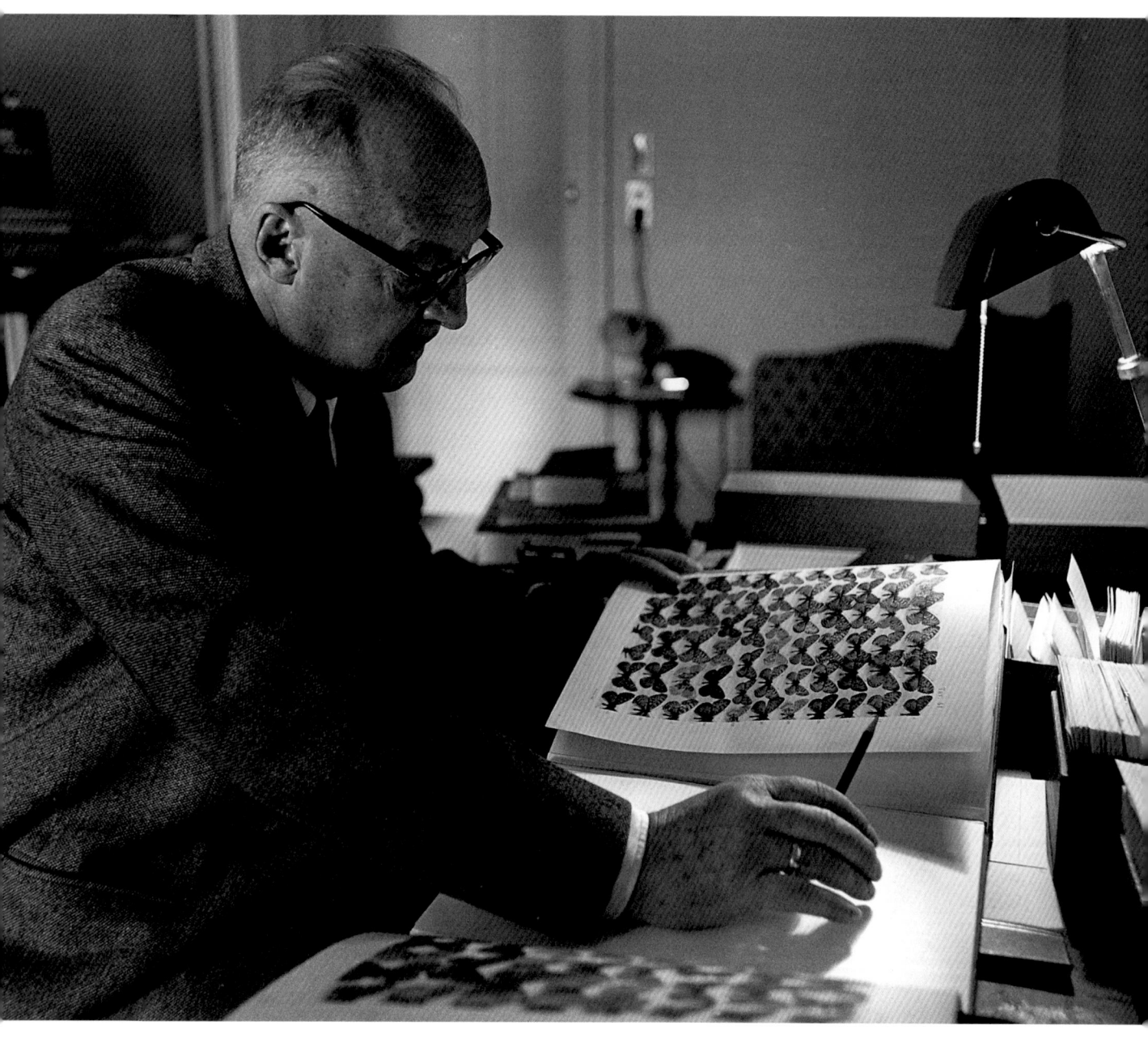

In high art and pure science **detail** is everything.

In großer Kunst wie in der reinen Wissenschaft ist die Einzelheit alles.

Dans l'art supérieur, comme dans la science pure, c'est le détail qui compte.

The butterfly hunter: Nabokov photographed in 19th century style.

Der Schmetterlingsforscher: Nabokov im Stil des 19. Jahrhunderts fotografiert.

Le chasseur de papillons: Nabokov pose en tenue à la manière du XIXe siècle.

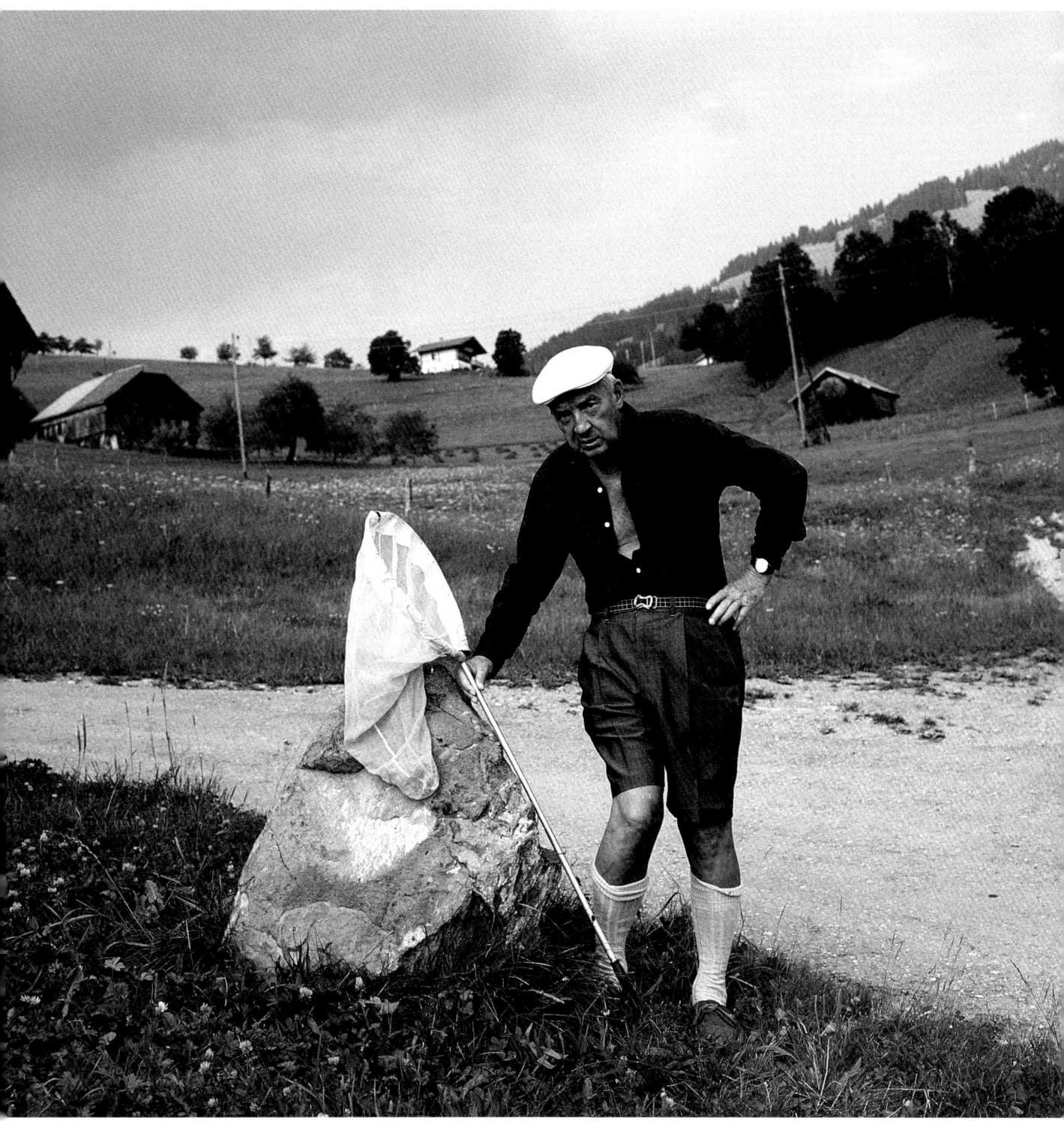

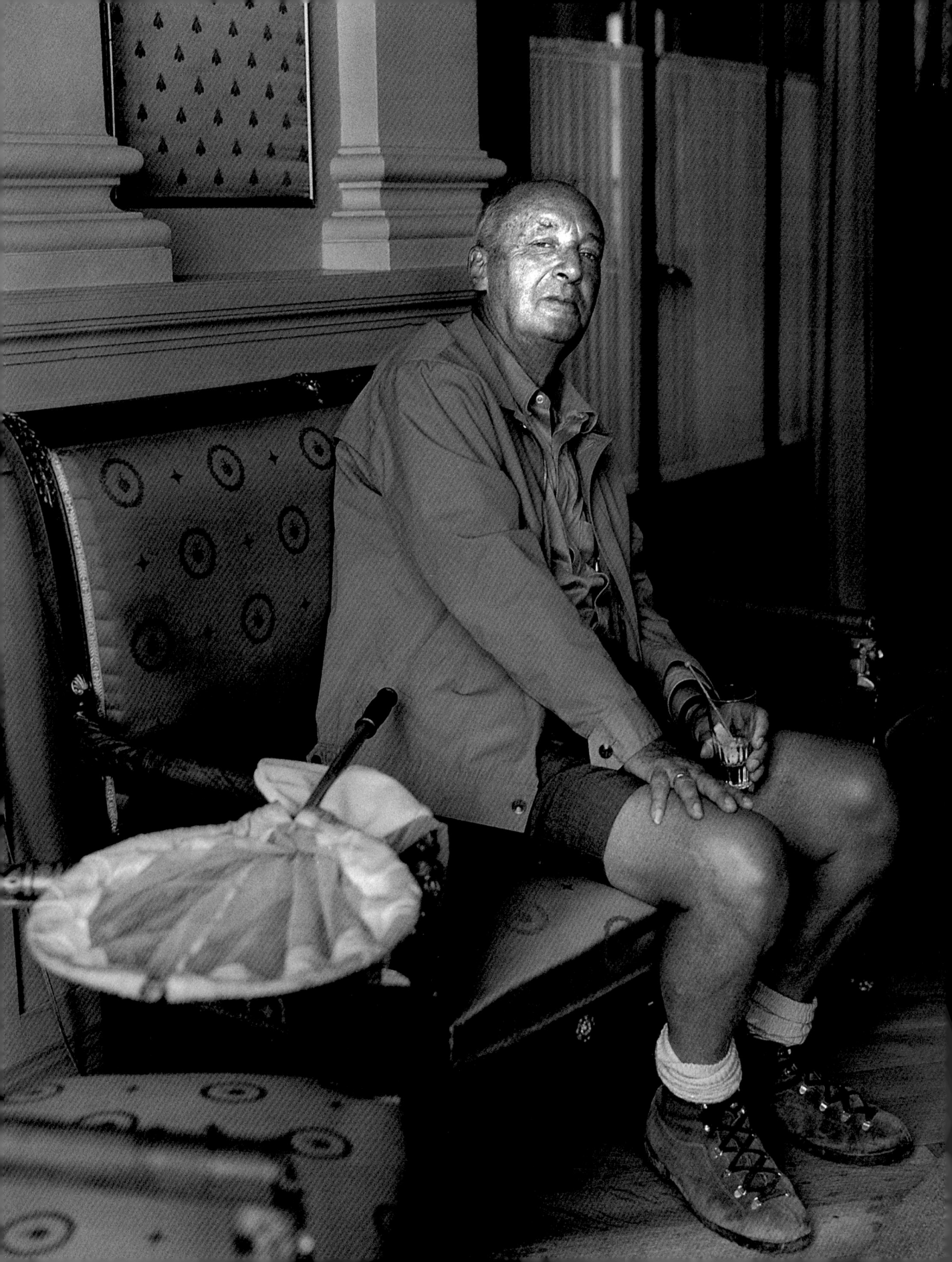

My pleasures are the most intense known to man: writing and butterfly hunting.

Meine Freuden sind die stärksten, die der Mensch kennen kann: das Schreiben und die Schmetterlingsjagd.

Mes plaisirs sont les plus intenses que puisse connaître l'homme: l'écriture et la chasse aux papillons.

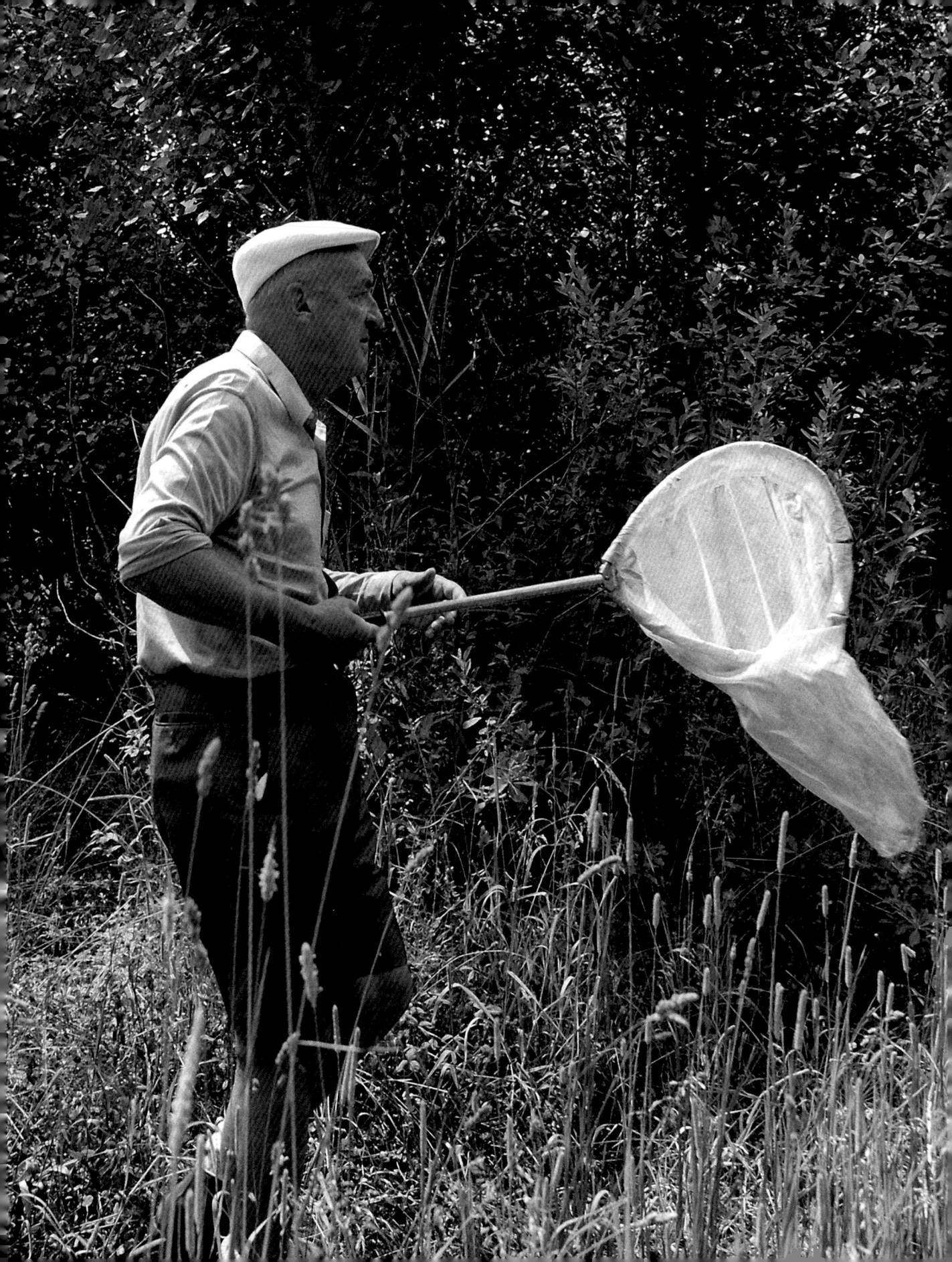

I discovered in nature the nonutilitarian delights that I sought in art. Both were a form of magic, both were a game of intricate enchantment and deception.

In der Natur entdeckte ich die zweckfreien Wonnen, die ich in der Kunst suchte. Beide waren eine Form der Magie, beide waren ein Spiel intrikater Bezauberung und Täuschung.

Je découvris dans la nature les plaisirs non utilitaires que je cherchais dans l'art. L'une et l'autre étaient une forme de magie, l'une et l'autre étaient un jeu où s'enchevêtraient enchantement et supercherie.

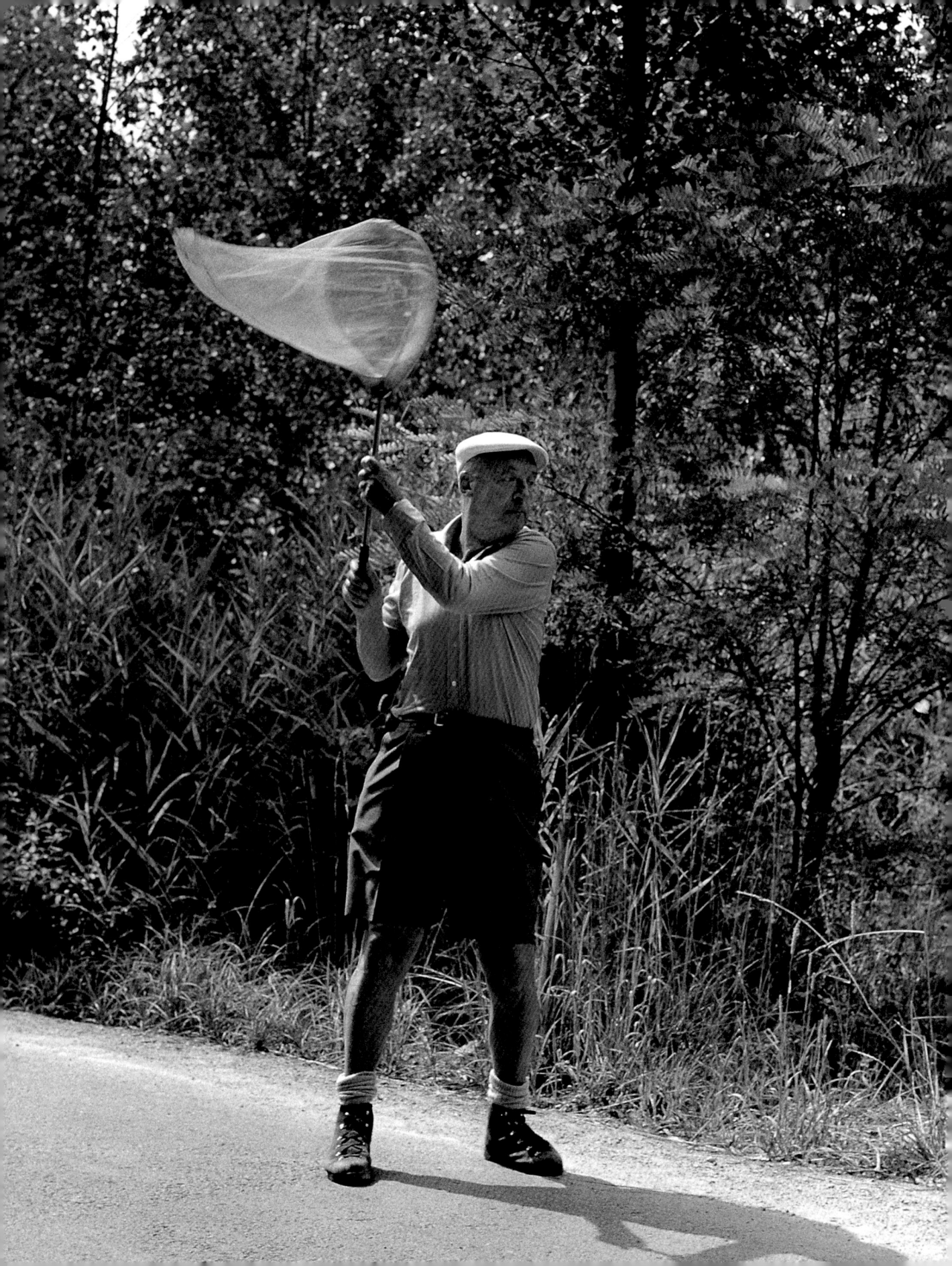

From the age of seven, everything I felt in connection with a rectangle of framed sunlight was dominated by a single passion. If my first glance of the morning was for the sun, my first thought was for the butterflies it would engender.

Von meinem siebenten Lebensjahr an wurde alles, was ich im Zusammenhang mit einem Rechteck eingerahmten Sonnenscheins empfand, von einer einzigen Leidenschaft beherrscht. Gehörte dieser erste Blick am Morgen der Sonne, so gehörte mein erster Gedanke den Schmetterlingen, die sie hervorbringen würde.

Depuis l'âge de sept ans, toutes mes sensations en rapport avec un rectangle de lumière de soleil encadré par la fenêtre ont été commandées par une passion unique. Si mon premier regard du matin était pour le soleil, ma première pensée était pour les papillons qu'il engendrerait.

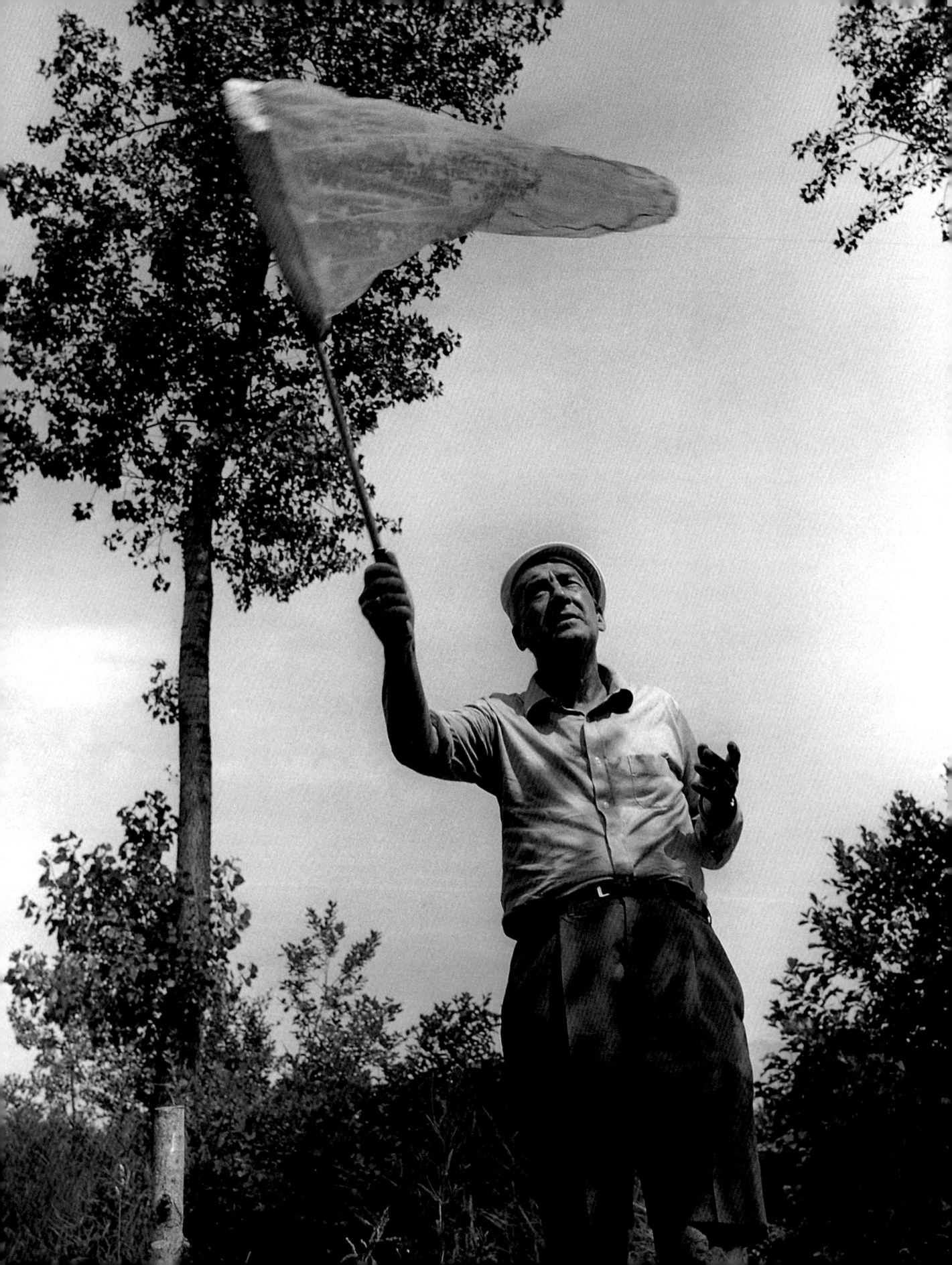

I have hunted butterflies in various climes and disguises: as a pretty boy in knickerbockers and sailor cap; as a lanky cosmopolitan expatriate in flannel bags and beret; as a fat hatless old man in shorts.

Ich habe Schmetterlinge in den verschiedensten Landstrichen und Verkleidungen gejagt: als hübscher Junge mit Knickerbockern und einer Matrosenmütze; als schlaksiger heimatvertriebener Kosmopolit in Flanellhosen und Baskenmütze; als dicker hutloser alter Mann in kurzen Hosen.

J'ai chassé les papillons sous différents climats dans différentes tenues: comme petit garçon mignon tout plein en culotte de golf et bonnet de marin; comme expatrié cosmopolite et dégingandé, en pantalon de flanelle et béret; comme un vieil homme accusant son âge et ayant pris du poids, en short et sans chapeau.

Unmindful of the mosquitoes that furred my forearms, I stopped **with a grunt of delight** to snuff out the life of some silver-studded lepidepteron throbbing in the folds of my net. Through the smells of the bog, I caught the subtle perfume of butterfly wings on my fingers, a perfume which varies with the species – vanilla, or lemon, or musk, or a musty, sweetish odour difficult to define.

Ohne der Mücken zu achten, die mir die Unterarme bedeckten, bückte ich mich **mit einem kehligen Freudenlaut**, um das Leben eines silberbesetzten Lepidopterons, das in den Falten meines Netzes zuckte, mit meinen Fingern auszulöschen. Unter all den Gerüchen des Sumpfes bemerkte ich an meinen Fingern den feinen Duft von Schmetterlingsflügeln, einen von Art zu Art verschiedenen Duft – Vanille oder Zitrone oder Moschus oder einen modrigen, süßlichen Geruch, der schwer zu definieren ist.

Inattentif aux moustiques qui me couvraient les avant-bras, je me penchai **avec un grognement de plaisir** pour étouffer la vie d'un lépidoptère saupoudré d'argent qui palpitait dans les plis de mon filet. A travers les exhalaisons du marais, je perçus le parfum sur mes doigts, un parfum qui varie avec les espèces – de vanille, ou de citron, ou de musc, ou une odeur douceâtre de moisi difficile à définir.

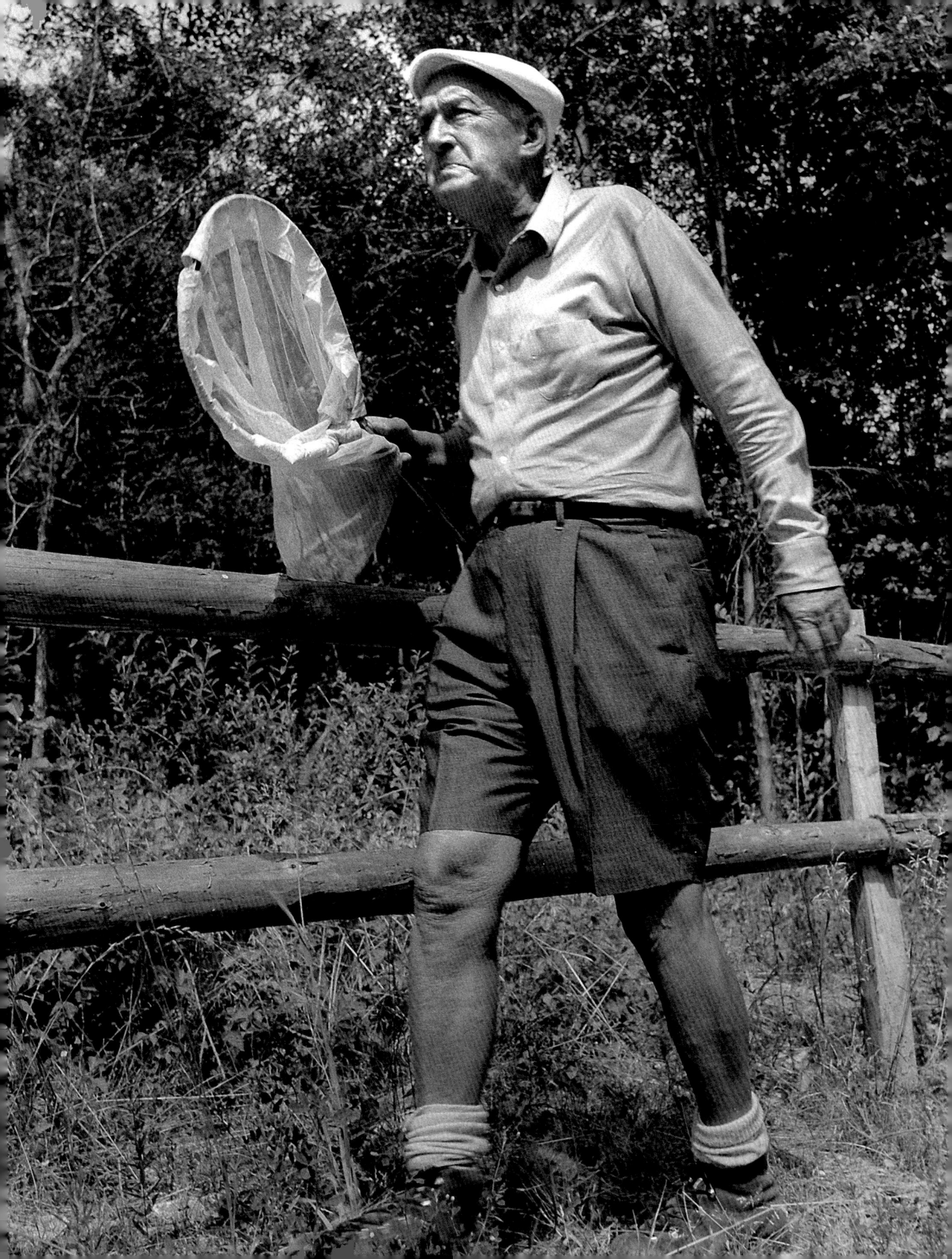

Few things indeed I have known in the way of emotion or appetite, ambition or achievement, that could surpass in richness and strength the excitement of entomological exploration. From the very first it had a great many intertwinkling facets. One of them was the acute desire **to be alone**, since any companion, no matter how quiet, interfered with the concentrated enjoyment of my mania.

An Gefühlen und Begierden, an Ehrgeiz und Erfüllung habe ich in der Tat nur wenig kennengelernt, was reicher und stärker gewesen wäre als die Erregung entomologischer Erkundungszüge. Von Anfang an hatte sie eine große Zahl durcheinanderfunkelnder Facetten. Eine davon war das akute Verlangen, **allein zu sein**, da jeder Begleiter, wie still er sich auch verhielt, dem konzentrierten Genuß meiner Manie im Wege stand.

J'ai connu, vraiment, peu de choses qui, sous le rapport de l'émotion ou de l'appétit, de l'ambition ou de l'accomplissement, puissent surpasser en richesse et en force la fièvre de la recherche entomologique. Dès le début, elle présenta un grand nombre de facettes dont les scintillements s'entrecroisaient. L'une d'elles était le désir aigu d'**être seul**, sans compagnon aucun, si tranquille fût-il, qui vint s'immiscer dans ma façon de jouir avec concentration de ma passion.

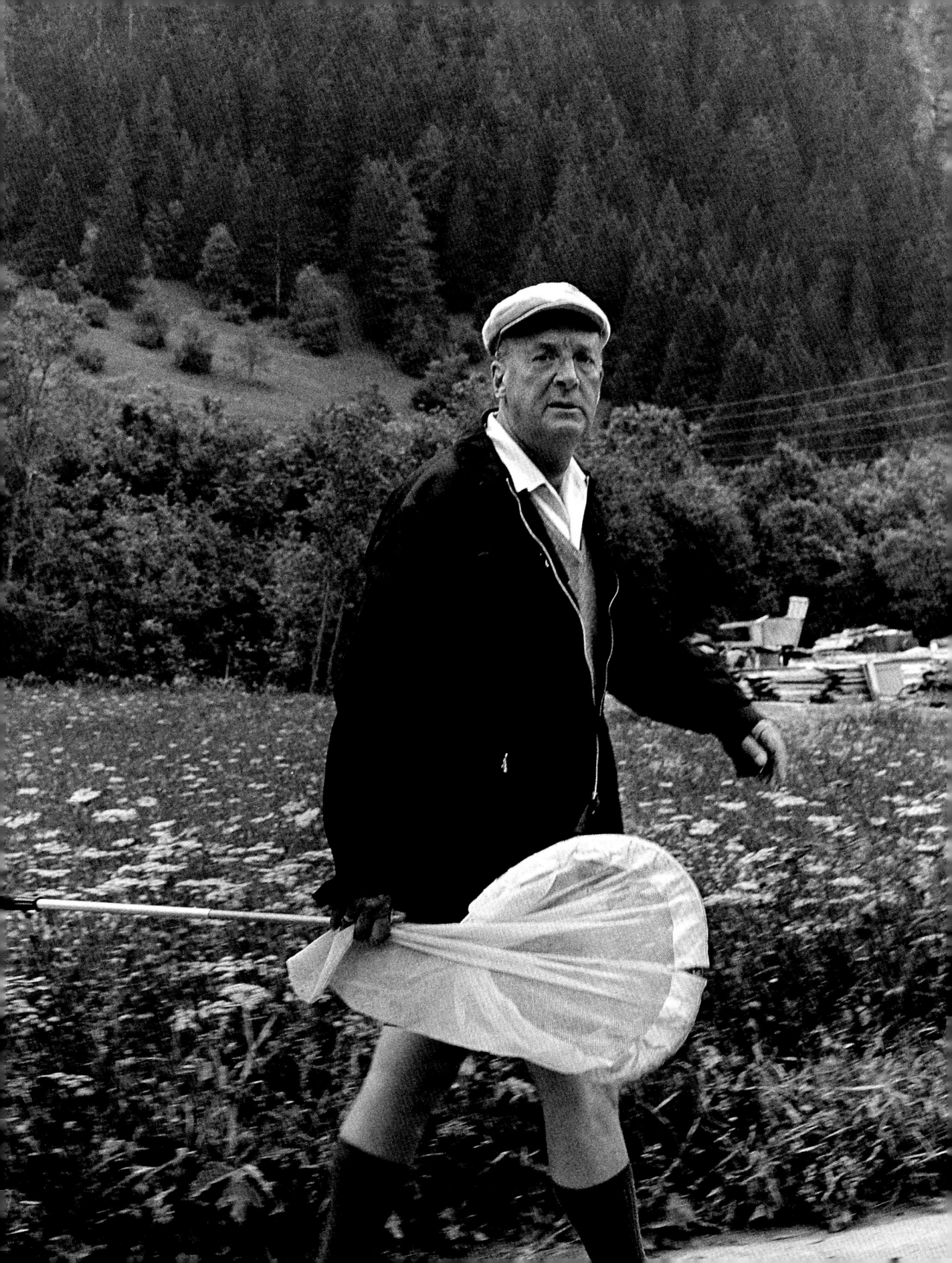

I confess I do not believe in time. I like to fold my magic carpet, after use, in such a way as to superimpose one part of the pattern upon another. Let visitors trip. And the highest enjoyment of timelessness – in a landscape selected at random – is when I stand among rare butterflies and their food plants. This is ecstasy, and behind the ecstasy is something else, which is hard to explain. It is like a momentary vacuum into which rushes all that I love. A sense of oneness with sun and stone. A thrill of gratitude to whom it may concern – to the contrapuntal genius of human fate or to tender ghosts humouring a lucky mortal.

Ich gestehe, ich glaube nicht an die Zeit. Es macht mir Vergnügen, meinen Zauberteppich nach Gebrauch so zusammenzulegen, daß ein Teil des Musters über den anderen zu liegen kommt. Mögen Besucher ruhig stolpern. Und am meisten genieße ich die Zeitlosigkeit, wenn ich – in einer aufs Geratewohl herausgegriffenen Landschaft – unter seltenen Schmetterlingen und ihren Futterpflanzen stehe. Das ist Ekstase, und hinter der Ekstase ist etwas anderes, schwer Erklärbares. Es ist wie ein kurzes Vakuum, in das alles strömt, was ich liebe. Ein Gefühl der Einheit mit Sonne und Stein. Ein Schauer der Dankbarkeit, wem sie auch zu gelten hat – dem kontrapunktischen Genius menschlichen Schicksals oder den freundlichen Geistern, die einem glücklichen Sterben zu Willen sind.

J'avoue ne pas croire au temps. J'aime à plier mon tapis magique, après usage, de manière à superposer les différentes parties d'un même dessin. Tant pis si les visiteurs trébuchent! Et le moment où je jouis le plus de la négation du temps – dans un paysage choisi au hasard – c'est quand je me trouve au milieu de papillons rares et des plantes dont ils se nourrissent. Je suis en extase, et derrière cette extase, il y a quelque chose d'autre, qui est difficile à expliquer. C'est comme un vide momentané dans lequel s'engouffre tout ce que j'aime. Le sentiment de ne faire qu'un avec le soleil et la pierre. Un frémissement de gratitude envers qui de droit – envers le contrapontiste génial de la destinée humaine ou envers de tendres fantômes qui se prêtent à tous les caprices d'un mortel heureux.

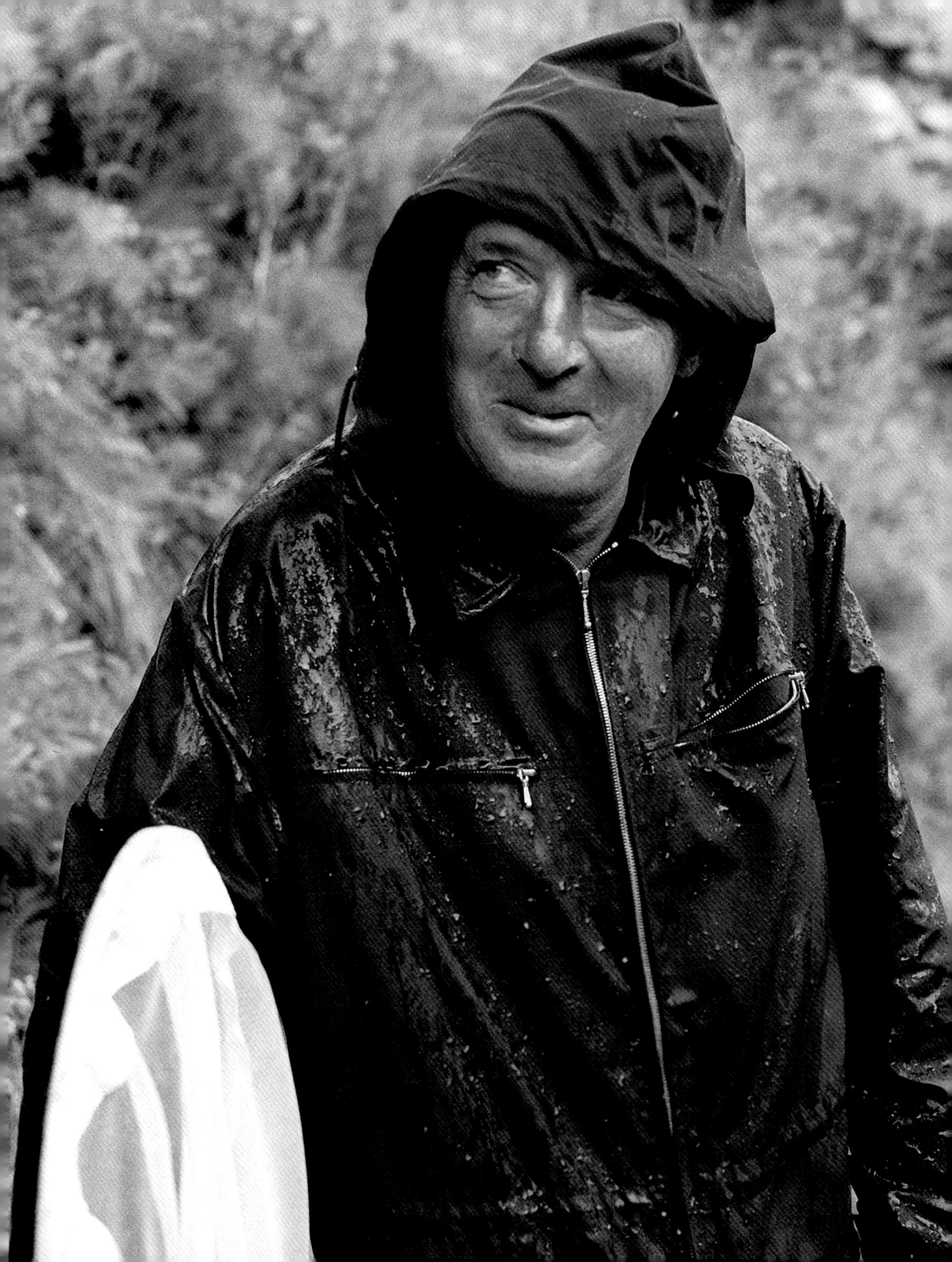

It is astounding how little the ordinary person notices butterflies. «None», calmly replied that sturdy **Swiss hiker** with Camus in his rucksack when purposely asked by me for the benefit of my incredulous companion if he had seen any butterflies while descending the trail where, a moment before, you and I had been delighting in swarms of them.

Es ist erstaunlich, wie wenig der normale Sterbliche Schmetterlinge bemerkt. «Keine», erwiderte seelenruhig der rüstige **Schweizer Wandersmann** mit Camus im Rucksack, als ich ihn meiner ungläubigen Gefährtin zuliebe fragte, ob er auf dem Wege, den er gerade herabgekommen war und auf dem Du und ich vor wenigen Augenblicken in ganzen Schwärmen von ihnen geschwelgt hatten, irgendwelche Schmetterlinge gesehen habe.

Il est stupéfiant de constater à quel point les gens ordinaires remarquent peu les papillons. «Aucun», m'avait répondu placidement ce robuste **randonneur suisse** dont le sac à dos contenait un livre de Camus, quand je lui avais demandé à dessein, pour la gouverne de mon incrédule compagne, s'il avait vu des papillons en descendant le chemin où, quelques instants plus tôt, nous avions pris plaisir, toi et moi, à en voir des essaims entiers.

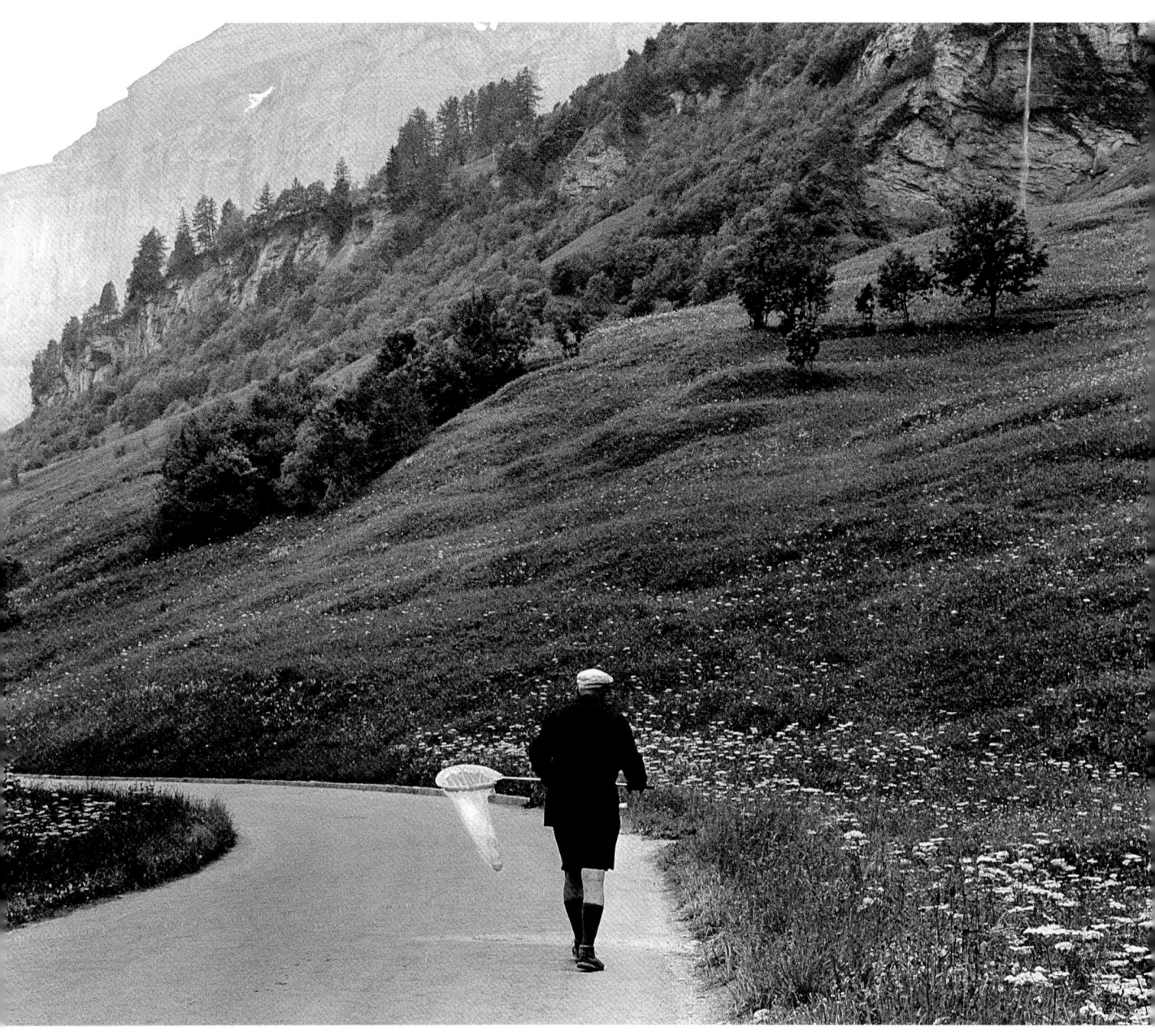

Vladimir Nabokov was born in 1899 in St. Petersburg. He grew up in an aristocratic and liberal environment where he received a trilingual education. The family was compelled by the revolution of 1917 to leave Russia. Nabokov went to Cambridge to study Russian language and literature. After his graduation he settled down in Berlin between 1923 and 1937. He married Véra Slonim and started to write his first books in Russian, 1938 followed by the novel *The Real Life Of Sebastian Knight*, written in English. He finally left Germany and took up his domicile in the United States, where he was offered a job as a guest lecturer at Stanford University in 1940. Later he worked as a research worker for the zoology museum at Harvard, followed by a professorship for European literature at Cornell University. The publication of *Lolita* in 1955 was a tremendous success and brought its author fame and independence. Nabokov went back to Europe in 1961. In Montreux (Switzerland) he wrote his great novels *Pale Fire* (1962) and *Ada or Ardor* (1969), spending his spare time hunting butterflies, the passion of his life. Nabokov died in 1977.

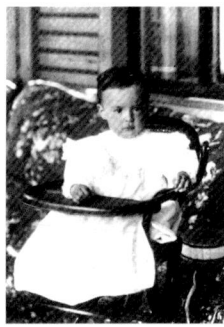

1901

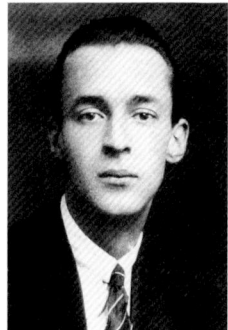

Cambridge 1920

Vladimir Nabokov wurde 1899 in St. Petersburg geboren. Die Jahre seiner Kindheit und Jugend verliefen überaus glücklich. Er wuchs in einem liberal-aristokratischen, anglophil orientierten Milieu auf, wo ihm eine dreisprachige Ausbildung zuteil wurde. Durch die Umstände der Revolution von 1917 sah sich die Familie gezwungen, Russland zu verlassen. Der junge Nabokov ging nach England. An der Universität Cambridge studierte er russische Sprache und Literatur und promovierte 1922. Von 1923 bis 1937 lebte Nabokov in Berlin; er verdiente sich seinen Lebensunterhalt als Übersetzer und Tennislehrer und schrieb seine frühen Werke in russischer sowie seinen ersten Roman in englischer Sprache (*Das wahre Leben des Sebastian Knight*, 1938). In Berlin heiratete er Véra Slonim. Anlässlich einer Gastvorlesung an der Stanford University kam Nabokov 1940 in die USA, wo der Direktor des Zoologiemuseums von Harvard, beeindruckt von den

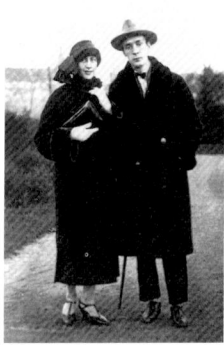

Véra & Vladimir Nabokov, Berlin 1923

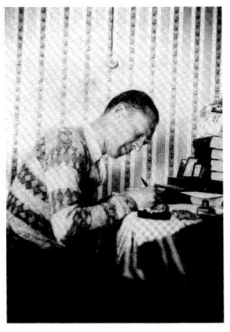

1929

Arbeiten des Schmetterlingsforschers, ihn unter Vertrag nahm. Später erhielt Nabokov einen Lehrstuhl für europäische Literatur an der Cornell University. Mit der Veröffentlichung seines Romans *Lolita* im Jahre 1955 erlangte Nabokov internationalen Erfolg als Schriftsteller. Fortan ebenso reich wie berühmt, liess er sich 1961 in Montreux (Schweiz) nieder. Hier widmete er sich voll und ganz der Niederschrift seiner grossen Romane *Fahles Feuer* (1962) und *Ada* (1969) sowie seiner Leidenschaft, der Schmetterlingsjagd. Nabokov starb 1977.

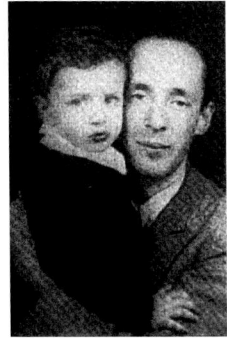

Dmitri & Vladimir Nabokov, Berlin 1936

Vladimir Nabokov, né à Saint-Pétersbourg en 1899, vit une enfance heureuse dans un milieu aristocratique libéral et anglophile où il bénéficie d'une éducation trilingue. La Révolution de 1917 contraint la famille Nabokov à quitter la Russie. Vladimir poursuit ses études à Cambridge, puis séjourne à Berlin (1923–1937), où il épouse Véra Slonim. Après avoir écrit plusieurs ouvrages en russe et un premier roman anglais (*La vraie vie de Sebastian Knight*, 1938), il quitte l'Europe pour les Etats-Unis. Ayant obtenu un contrat de chercheur au musée de Zoologie de Harvard, il est ensuite nommé professeur de littérature à l'Université de Cornell. Grâce à la publication de *Lolita* (1955), l'écrivain désormais célèbre s'établit en 1961 à Montreux (Suisse). Il se consacre alors pleinement à la chasse aux papillons et à l'écriture de ses grands romans que sont notamment *Feu Pâle* (1962) et *Ada ou l'Ardeur* (1969). Il décède en 1977.

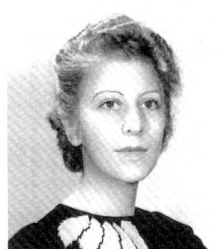

Véra Slonim, Mrs. Vladimir Nabokov, Paris 1940

©Photographs / Fotografien / Photographies:
Dmitri Nabokov Archive, Montreux

HORST TAPPE is essentially a portraitist whose speciality are the great artists, writers and musicians of the world. Born in 1941 in Westphalia (Germany), he studied with Martha Hoepffner at the School for Experimental Photography near Frankfurt a. M., after having completed an apprenticeship in a traditional photography studio and attended the School of Photography in Hamburg. He finished his studies at the School of Photography in Vevey (Switzerland), where he obtained a Master's Degree. He has lived and worked in Montreux (Switzerland) since 1965, from where he travels regularly to London, Paris and Berlin. He is a regular contributor to many periodicals and works with editors world-wide.

It was on a winter afternoon that we rang the doorbell at Horst Tappe's apartment. The door opened into a hallway lined with framed portraits: the faces of Picasso, Stravinsky, Dali, Chaplin, Pound, Garcia Marquez, Patricia Highsmith and others are here, frozen in time at the instant of the photographer's click.

A few moments later, over a cup of coffee in the living room, we explained to Horst Tappe our project for a Vladimir Nabokov exhibit: to celebrate the centenary of his birth and the 16 years he spent in Montreux. No sooner said, than his eyes lit up, and our timid host evoked in a few brief sentences his encounter with the brilliant writer. His discovery of Nabokov's refuge came about by accident: he happened to be in Peter Ustinov's apartment at the ‹Montreux Palace› Hotel, and heard the actor remind his children not to annoy Nabokov who lived just above, hard at work on a novel. A short time later, young Horst showed up at the upper floor, was invited in, and from then on became a friend, and privileged photographer of the writer.

Listening attentively, we then began to study some of the wellknown shots. More than the author of *Lolita*, they revealed a man going about his daily tasks, a man with a purpose, a man of passion who was both stubborn and charming. Butterfly net in hand, pursuing the rare specimen, bent over his writing desk, or out for a stroll, a solitary walker or with his wife Véra by his side – these are just some of the surprising images.

To these images we added various texts of our choice, both for the exhibit and for this book, significant passages from Nabokov's works which accompany the black and white illustrations: his autobiography *Speak, Memory* and his selection of interviews, *Strong Opinions*. His prose, at once meditative and anecdotal, mocking and to the point, was marked by self-derision and an erudite man's compunction to speak of himself with dignity and restraint.

These are the origins of this small work – the result of a friendly collaboration which began in Montreux. It combines Horst Tappe's photographs and Vladimir Nabokov's writings. Two idioms speaking the same language, two worlds which reflect and complement each other, inviting us to contemplate their playful, provocative realm.

Charlotte Contesse-Barraud, Sarah Cuendet, Céline Eidenbenz
Art Historians, Lausanne (Switzerland)

The conception of this book is based on an Nabokov exhibition, presented in the Vieux-Montreux Museum.

HORST TAPPE wurde 1941 in Westfalen (Deutschland) geboren. Nach der Grundausbildung in einem traditionellen Fotoatelier und einem Volontariat an der Hamburger Schule für Fotografie besuchte er die Kurse von Martha Hoepffner an der Schule für experimentelle Fotografie bei Frankfurt a. M. An der Fotoschule Vevey (Schweiz) schloss er seine Ausbildung mit dem Erwerb des Schweizer Meisterdiploms ab. Seit 1965 lebt und arbeitet er in Montreux (Schweiz), reist jedoch regelmässig in die Hauptstädte Europas, wo er mit Vorliebe Persönlichkeiten der bildenden Kunst, der Literatur und der Musik fotografiert. Tappe ist ständiger Mitarbeiter bedeutender Zeitungen, Zeitschriften und Verlage in aller Welt.

An einem Winternachmittag läuten wir an Horst Tappes Haustür, um kurz darauf einen Korridor zu betreten, dessen Wände mit zahllosen Porträts grosser Meister des 20. Jahrhunderts geschmückt sind: Picasso, Dali, Strawinsky, Chaplin, Pound, García Márquez, Patricia Highsmith und viele andere, deren ausgeprägte, oft scharfgeschnittene Gesichtszüge der Fotograf in wohlbedachten Augenblicken festgehalten hat.

Ein wenig später sitzen wir in Tappes Wohnzimmer und erklären ihm unser Projekt einer Vladimir-Nabokov-Ausstellung. Aus Anlass des einhundertsten Geburtstages des grossen Schriftstellers haben wir uns vorgenommen, Nabokov zu Ehren ein Zentenarium zu organisieren, in dessen Rahmen wir auch der sechzehn Jahre gedenken wollen, die der Autor von *Lolita* in Montreux verbracht hat.

Tappes Miene hellt sich sofort auf, und im Handumdrehen berichtet er von seiner ersten Begegnung mit dem genialen Literaten. Die Entdeckung von Nabokovs Refugium habe sich eher zufällig ergeben. Er, Tappe, habe sich in der Suite von Peter Ustinov im Hotel ‹Montreux Palace› befunden, als dieser seine Kinder aufforderte, den Schriftsteller Nabokov, der in der Wohnung über ihnen an einem Roman arbeite, ja nicht zu stören. Bald darauf habe er sich in der oberen Etage vorgestellt, worauf ihm das Privileg einer Einladung zuteil geworden sei. Später sei er ein Freund des Autors und dessen persönlicher Fotograf geworden.

Nach seinem Bericht zeigt Tappe einige Aufnahmen. Weit davon entfernt, den *Lolita*-Autor in Szene zu setzen, offenbaren sie einen leidenschaftlichen und strengen Mann, ebenso starrköpfig wie charmant, in seinem Alltag: Nabokov bei der Schmetterlingsjagd, das Fangnetz in der Hand, über sein Stehpult gebeugt oder beim Spaziergang, als komplizenhafter Gefährte seiner Gattin Véra oder als in Gedanken versunkener Einzelgänger – wahrhaft überraschende Bilder.

Es entsteht die Idee, die sowohl unserer Ausstellung wie auch diesem Werk zugrunde liegt, diese Bilder mit besonders charakteristischen Textstellen aus Nabokovs Autobiografie *Erinnerung, sprich* sowie aus *Deutliche Worte*, seinen gesammelten Interviews, zu verbinden. Gleichzeitig anekdotenhaft und reflektierend, spöttisch und von prägnanter Zuspitzung, legt Nabokovs durch Selbstironie geprägte Prosa Zeugnis ab von einem Gelehrten, dem es auch bei seinen Aussagen über das eigene Ich stets um Richtigkeit und Genauigkeit ging.

Das vorliegende Buch vereinigt die Kunst des Fotografen Horst Tappe mit der Kunst des Schriftstellers Vladimir Nabokov. Fotografie und Literatur – zwei Welten, die einander reflektieren und befragen, um uns den Zugang zu der verwirrenden Vielfalt eines spielerischen Universums zu ermöglichen.

Charlotte Contesse-Barraud, Sarah Cuendet, Céline Eidenbenz
Kunsthistorikerinnen, Lausanne (Schweiz)

Die Konzeption dieses Buches entstand in Anlehnung an eine Nabokov-Ausstellung im Museum der Altstadt von Montreux.

HORST TAPPE photographie essentiellement des personnalités du monde des arts, des lettres et de la musique. Né en 1941 en Westphalie (Allemagne), il a suivi les cours de Martha Hoepffner à l'Ecole de Photographie Expérimentale près de Francfort-sur-le-Main, après un apprentissage dans un atelier photographique traditionnel et un court stage à l'Ecole de Photographie de Hambourg. Puis il s'est perfectionné à l'Ecole de Photographie de Vevey (Suisse) et a obtenu sa maîtrise fédérale. Dès 1965 il vit et travaille à Montreux (Suisse) et séjourne régulièrement à Londres, Paris et Berlin. Il est le collaborateur permanent de périodiques et d'éditeurs du monde entier.

Lors d'un après-midi d'hiver, nous sonnons à la porte de Horst Tappe. L'appartement s'ouvre sur un couloir tapissé de portraits encadrés: les visages de Picasso, Dali, Stravinsky, Chaplin, Pound, Garcia Marquez, Patricia Highsmith et de nombreux autres sont là, figés dans les instants choisis par le regard du photographe.

Quelques instants plus tard, assises dans son salon, une tasse de café à la main, nous expliquons à Horst Tappe notre projet d'exposition sur Vladimir Nabokov: célébrer le centenaire de sa naissance et les seize années passées à Montreux. Aussitôt, le regard s'illumine, et l'homme timide brosse en quelques traits sa rencontre avec l'auteur de génie. La découverte du refuge de Nabokov fut pour lui le fruit d'un hasard: il se trouvait dans les appartements de Peter Ustinov à l'Hôtel ‹Montreux Palace›, lorsque ce dernier somma ses enfants de ne pas irriter Nabokov qui composait un roman dans la chambre au-dessus d'eux. Peu après, le jeune Horst se manifestait à l'étage supérieur, obtenait la faveur d'être invité, et finit par devenir l'ami et le photographe privilégié de l'écrivain.

Attentives à son récit, nous étudions ensuite les quelques prises de vue qui circulent; loin de mettre en scène l'auteur de *Lolita*, elles révèlent un homme dans sa vie quotidienne, un homme de rigueur et de passion, à la fois têtu et charmeur. Le filet à papillons en main, à l'affût du spécimen rare, penché sur un lutrin ou en promenade, complice de son épouse Véra ou solitaire absorbé – voilà des images surprenantes.

À celles-ci s'ajoute aussi notre choix, pour l'exposition et pour cet ouvrage, de combiner à ces tirages noir/blanc les textes les plus révélateurs de Nabokov: son autobiographie *Autres Rivages* et son recueil d'interviews *Intransigeances*. À la fois réflexive et anecdotique, moqueuse et pointue, sa prose empreinte d'autodérision témoigne d'un érudit soucieux de parler de soi avec justesse.

Voici donc la genèse de ce petit ouvrage que vous tenez entre les mains – fruit d'une collaboration amicale développée à Montreux. Il réunit la photographie de Horst Tappe et la littérature de Vladimir Nabokov. Deux langages qui se comprennent, deux mondes qui se reflètent et s'interpellent pour nous ouvrir les portes d'un univers ludique et fourmillant.

Charlotte Contesse-Barraud, Sarah Cuendet, Céline Eidenbenz
Historiennes de l'art, Lausanne (Suisse)

La conception de ce livre est basée sur l'exposition Nabokov, présentée au Musée du Vieux-Montreux.

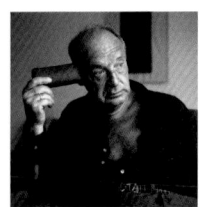 Gstaad, 1971

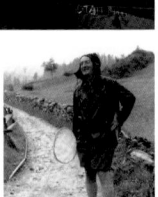 Zermatt, 1962

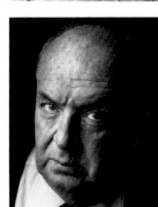 ‹Montreux Palace›, 1973

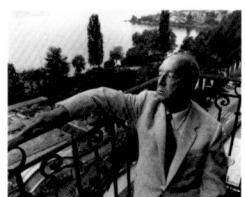 Overlooking lake Geneva / Aussicht auf den Genfer See / Baie de Montreux, Lac Léman ‹Montreux Palace›, 1965

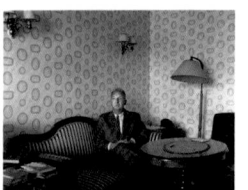 In his apartment / In seiner Wohnung / Dans ses appartements ‹Montreux Palace›, 1964

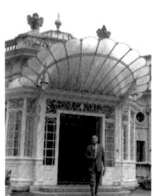 Entrance / Eingang / Entrée ‹Montreux Palace›, 1964

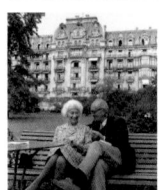 Véra & Vladimir Nabokov In front of / Vor dem / Devant le ‹Montreux Palace›, 1967

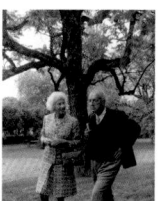 Park / Park / Jardins du ‹Montreux Palace›, 1967

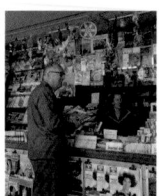 Newsstand at the station / Zeitungsstand am Bahnhof / Kiosque de la gare Montreux, 1964

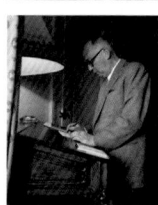 In his apartment / In seiner Wohnung / Dans ses appartements ‹Montreux Palace›, 1963

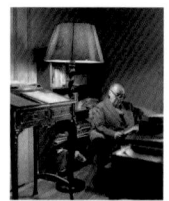 In his apartment / In seiner Wohnung / Dans ses appartements ‹Montreux Palace›, 1963

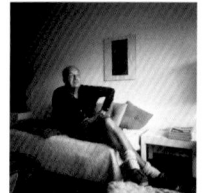 Gstaad, 1971

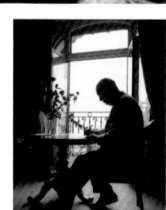 In his apartment / In seiner Wohnung / Dans ses appartements ‹Montreux Palace›, 1965

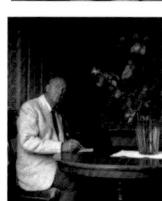 In his apartment / In seiner Wohnung / Dans ses appartements ‹Montreux Palace›, 1965

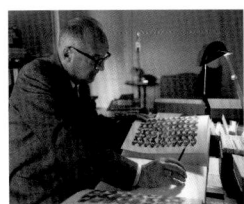
Butterfly study /
Büro des Schmetterlingsforschers /
Bureau d'entomologiste
‹Montreux Palace›, 1965

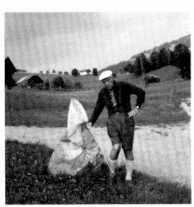
Gstaad, 1971

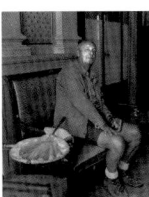
Green Room / Grüner Salon /
Salon Vert
‹Montreux Palace›, 1971

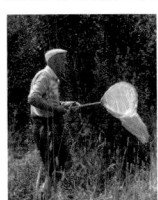
Prealpes / Voralpen / Préalpes
1971

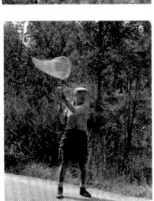
Prealpes / Voralpen / Préalpes
1971

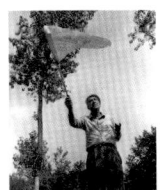
Prealpes / Voralpen / Préalpes
1971

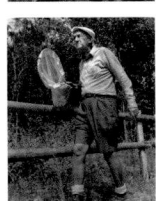
Prealpes / Voralpen / Préalpes
1971

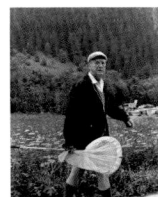
Leukerbad / Leukerbad /
Loèche-les-bains, 1965

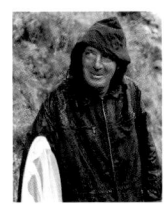
Zermatt, 1962

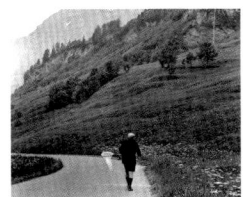
Leukerbad / Leukerbad /
Loèche-les-bains, 1965

ACKNOWLEDGEMENTS / DANK / REMERCIEMENTS

Dear / Lieber / Cher DMITRI NABOKOV

We'd like to thank you for your generous support which has allowed us to realize this book. Without your enthusiastic consent we wouldn't have been able to publish Vladimir Nabokov's original texts and the private photographs.
Für Ihre grosszügige Unterstützung bei der Realisierung dieses Buches möchten wir Ihnen herzlichst danken. Ohne Ihre begeisternde Zustimmung hätten wir Vladimir Nabokovs Originaltexte sowie die Familienfotos nicht veröffentlichen können.
Nous vous remercions de votre soutien qui nous a permis de réaliser cet ouvrage. C'est grâce à votre enthousiasme et à votre générosité que nous publions les textes originaux de Vladimir Nabokov et les photographies de famille.

Céline, Charlotte, Sarah
Horst Tappe

For English quotations research: MAVIS GUINARD
Für die Recherche der deutschsprachigen Zitate: MICHAEL FISCHER, Steinbrunn-le-Bas (F)
For translation of various texts: INGA KOHN, University of Arizona, Tucson (USA)
Für diverse Textübersetzungen: RÜDIGER MEYER, Montreux (CH)

SOURCES / QUELLEN / SOURCES

The Quotations of Vladimir Nabokov are taken from the following books, all rights reserved:
Strong Opinions © 1973 McGraw-Hill Book Company, New York; Weidenfeld & Nicolson, London
Speak, Memory © 1967 G. P. Putnam's Sons, New York; Weidenfeld & Nicolson, London

Die Zitate Vladimir Nabokovs wurden folgenden Werken entnommen, alle Rechte vorbehalten:
Deutliche Worte, aus: Vladimir Nabokov, Gesammelte Werke. Bd. 20, hrsg. v. Dieter E. Zimmer, übers. v. Kurt Neff, Gabriele Forberg-Schneider, Blanche Schwappach u. Dieter E. Zimmer © 1993 Rowohlt Verlag GmbH, Reinbek
Erinnerung, sprich, aus: Vladimir Nabokov, Gesammelte Werke. Bd. 22, hrsg. u. übers. v. Dieter E. Zimmer © 1964, 1984, 1991 Rowohlt Verlag GmbH Reinbek

Les citations de Vladimir Nabokov sont tirée des ouvrages suivants, tous droits réservés:
Autres rivages, de Vladimir Nabokov, traduction française de Yvonne Davet © Editions GALLIMARD
Intransigeances, de Vladimir Nabokov, traduction française de Vladimir Sirkosky © Editions Juillard, 1986

Extracts for the works of Vladimir Nabokov reprinted by arrangement with The Estate of Vladimir Nabokov and the Dmitri Nabokov Archive, Montreux. All rights reserved.
Die Wiedergabe der Textauszüge von Vladimir Nabokov erfolgt mit freundlicher Genehmigung von The Estate of Vladimir Nabokov und dem Dmitri Nabokov Archiv, Montreux. Alle Rechte vorbehalten.
Les extraits des œuvres de Vladimir Nabokov sont reproduits avec l'accord de The Estate of Vladimir Nabokov et des Archives Dmitri Nabokov à Montreux. Tous droits réservés.

Die Deutsche Bibliothek – CIP-Einheitsaufnahme
Nabokov / Horst Tappe; Vladimir Nabokov. Hrsg.: Tilo Richter.
– Basel: Christoph-Merian-Verl., 2001
ISBN 3-85616-152-X

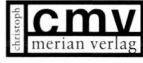

© 2001 Christoph Merian Verlag, Basel / www.christoph-merian-verlag.ch
© Photographs / Fotografien / Photographies: Horst Tappe, Montreux
   All rights reserved / Alle Rechte vorbehalten / Tous droits réservés
© Quotations / Zitate / Citations Vladimir Nabokov: p. 61 / S. 61 / p. 61

No part of this publication may be reproduced, stored in a retrieval system or transmitted in any in form or by any means, electronic, mechanical, photocopying, recording or otherwise, without the prior written permission from the publisher. / Kein Teil dieses Werkes darf in irgendeiner Form (durch Fotografie, Mikrofilm oder andere Verfahren) ohne vorherige schriftliche Genehmigung des Verlags reproduziert oder unter Verwendung elektronischer Systeme verarbeitet, vervielfältigt oder verbreitet werden. / Toute reproduction intégrale ou partielle de l'ouvrage, par quelque procédé que se soit, est interdite sans l'autorisation écrite de l'éditeur.

Conception / Konzeption / Conception:
   Charlotte Contesse-Barraud, Sarah Cuendet, Céline Eidenbenz, Horst Tappe
Editor / Herausgeber / Rédaction: Tilo Richter
Layout and Typesetting / Gestaltung und Satz / Mise en pages:
   Tilo Richter, Thomas Liebscher
Typeface / Schrift / Caractère: Scala sans
Paper / Papier / Papier: Zanders Mega matt 150 g/m²
Scans / Lithos / Photolithographie: Scancolor, Leipzig
Printing / Druck / Impression: ThomasDruck, Leipzig
Binding / Buchbinder / Reliure: Kunst- und Verlagsbuchbinderei, Leipzig

LIMITED EDITION / VORZUGSAUSGABE / EDITION LIMITEE

Each copy of the limited edition, numbered from I to IXL, contains an original photograph, handmade und signed by Horst Tappe.
Detailed information and orders: www.trichter.de

Jedem Exemplar der limitierten Vorzugsausgabe, nummeriert von I bis IXL, liegt je eine von Horst Tappe handgefertigte und signierte Originalfotografie bei.
Detaillierte Informationen und Bestellungen: www.trichter.de

Les exemplaires de l'édition limitée, numérotés de I à IXL, contiennent chacun une photographie originale, tirée à la main et signée par Horst Tappe.
Informations détaillées et commandes: www.trichter.de